三聯學術

北大五论

甘 阳

生活·讀書·新知 三联书店

图书在版编目（CIP）数据

北大五论／甘阳著．—北京：生活·读书·新知三联书店，
2014.12
ISBN 978 – 7 – 108 – 05152 – 3

Ⅰ．①北…　Ⅱ．①甘…　Ⅲ．①北京大学－教育改革－研究
Ⅳ．① G649.21

中国版本图书馆 CIP 数据核字（2014）第 229504 号

责任编辑　舒　炜
装帧设计　蔡立国
责任印制　徐　方
出版发行　生活·讀書·新知 三联书店
　　　　　（北京市东城区美术馆东街 22 号 100010）
网　　址　www.sdxjpc.com
经　　销　新华书店
印　　刷　北京盛通印刷股份有限公司
版　　次　2014 年 12 月北京第 1 版
　　　　　2014 年 12 月北京第 1 次印刷
开　　本　880 毫米 × 1092 毫米　1/32　印张 4.25
字　　数　71 千字
印　　数　0,001－6,000 册
定　　价　33.00 元
（印装查询：01064002715；邮购查询：01084010542）

目　次

自　序

　　我把这本批评北大的书献给北大，以表达我对母校最深的爱。所谓爱之深，恨之切，我对今日北大的失望，正来自于我对北大之为北大的期望。

　　本书第一篇是我与同为北大校友的刘小枫教授合写的对北大2014年"燕京学堂"计划的批评。其余四篇则是我在2003年对当时北大改革方案的批评。明眼人可以看出，北大从2003年到2014年的改革思路乃一脉相承，而我对北大这两次改革的批评所指也同样一以贯之。说到底，我的批评无非是想追问，今日北大的"魂"究竟在哪里？今日北大是否有"中国文化主体性"的自我意识？陈寅恪当年斩钉截铁地宣称，"吾国大学之职责，在求本国学术之独立"！今日北大是否认为北大之职责"在求本国学术之独立"？在全球化与中国崛起的今天，北大是否有充分的"文化自觉"坚持中国思想文化学术教育的自主独立性？很遗憾，无论2003年还是2014年，我所看到的北大似乎恰恰都在背道而驰。是为恨！

　　从 2003 年到 2014 年，我曾多次重提胡适一百年前的"非留学篇"。现特附此文于后，作为本书的真正序言。我以为，唯当北大上下都以"非留学篇"励志之时，北京大学才能成为真正的北京大学。

　　　　　　　　　　　　2014 年十月一日，共和国六十五周年

非留学篇[*]

胡　适

一

　　吾久欲有所言，而逡巡嗫嚅，终未敢言。然吾天良来责，吾又不敢不言。夫欲有所言而不敢言，是悾怯懦夫之行，欺人以自欺者之为也。吾何敢终默？作《非留学篇》。

　　吾欲正告吾父老伯叔昆弟姐妹曰：

---

* 本文作于 1912 年（作者时年 21 岁）；载《留美学生年报》第三年本（1914 年 1 月出版）。文字据《胡适文集》第九卷（欧阳哲生编，北京大学出版社，2013 年）校订。——编者注

留学者，吾国之大耻也！

留学者，过渡之舟楫而非敲门之砖也；

留学者，废时伤财事倍功半者也；

留学者，救急之计而非久远之图也。

何以言留学为吾国之大耻也？当吾国文明全盛之时，泱泱国风，为东洋诸国所表则。稽之远古，则有重译之来朝。洎乎唐代，百济、新罗、日本、交趾，争遣子弟来学于太学。中华经籍，都为异国之典谟；纸贵鸡林，以觇诗人之声价。猗欤盛哉！大国之风也。唐宋以来，吾国文化濡滞不进。及乎晚近百年，则国威日替，国疆日蹙，一挫再挫，几于不可复振，始知四境之外，尚有他国。当吾沉酣好梦之时，彼西方诸国，已探赜索隐，登峰造极，为世界造一新文明，开一新天地。此新文明之势力，方挟风鼓浪，蔽天而来，叩吾关而窥吾室，以吾数千年之旧文明当之，乃如败叶之遇疾风，无往而不败衄，于是睡狮之梦醒矣。忧时之士，惩既往之巨创，惧后忧之未已，乃忍辱蒙耻，派遣学子，留学异邦，作百年树人之计，以为异日急起直追之图。于是神州俊秀，纷纷渡海，西达欧洲，东游新陆。康桥、牛津、哈佛、耶尔、伯林、巴黎，都为吾国储才之馆，育秀之堂。下至东瀛三岛，向之遣子弟来学于吾者，今亦为吾国学子问学论道之区。嗟夫！茫茫沧海，竟作桑田；骇浪蓬莱，今都清浅。以数千年之古国，东亚文明之领袖，曾几何时，乃一变而北面受学，称弟子国，天下之大耻，孰有过于此者乎！吾故曰：留学者我国之大耻也。

吾所谓留学者，过渡之舟楫而非敲门之砖者，何也？吾国今日所处，为旧文明与新文明过渡之时代。旧文明非不可宝贵也，不适时耳。人将以飞行机、无烟炮袭我，我乃以弓箭、鸟铳当之；人方探赜研几，役使雷电，供人牛马，我乃以布帆之舟、单轮之车当之；人方倡世界平等、人类均产之说，我乃以天王圣明、君主万能之说当之；人方倡生存竞争、优胜劣败之理，我乃以揖让不争之说当之；人方穷思殚虑，欲与他星球交通，我乃持天圆地方之说，以为吾国居天下之中，四境之上，皆蛮夷戎狄也。此新旧二文明之相隔，乃如汪洋大海，渺不可渡。留学者，过渡之舟楫也；留学生者，篙师也，舵工也。乘风而来，张帆而渡。及于彼岸，乃采三山之神药，乞医国之金舟，然后扬帆而归，载宝而返。其责任所在，将令携来甘露，遍洒神州；海外灵芝，遍栽祖国；以他人之所长，补我所不足，庶令吾国古文明，得新生机而益发扬张大，为神州造一新旧泯合之新文明，此过渡时代人物之天职也。今也不然。今之留学者，初不作媒介新旧文明之想。其来学也，以为今科举已废，进取仕禄之阶，惟留学为最捷。于是有钻营官费者矣，有借贷典质以为私费者矣。其来海外之初，已作速归之计。数年之后，一纸文凭，已入囊中，可以归矣。于是星夜而归，探囊出羊皮之纸，投刺作学士之衔，可以猎取功名富贵之荣，车马妻妾之奉矣。嗟夫，持此道而留学，则虽有吾国学子充塞欧美之大学，于吾国学术文明更何补哉！更何补哉！吾故曰：留学者过渡之舟楫，而非敲门之砖也。

吾所谓留学者，废时伤财事倍而功半者，又何也？请先言废时。留学者，不可无预备。以其所受学者，将在异言之国，则不得不习其语言文字。而西方语言文字与吾国大异，骤习之不易收效。即如习英文者，至少亦须四五年，始能读书会语。所习科学，又不得不用西文课本，事倍功半，更不待言此数年之时力，仅预备一留学之资格。既来异国，风俗之异，听讲之艰，在在困人。彼本国学子，可以一小时肄习之课，在我国学子，须以一二倍工夫为之，始克有济。夫以倍蓰之日力，乃与其国学子习同等之课，其所成就，或可相等，而所暴殄之日力，何可胜计！废时之弊，何待言矣。

次请论伤财。在国内之学校，其最费者，莫如上海诸校。然吾居上海六年，所费每年自百元至三百元不等。平均计之，约每年二百五十墨元，绰有余裕矣。今以官费留学，每月得八十元，每年乃费美金九百六十元，合墨银不下二千元，盖八倍于上海之费用。以吾一年留学之费用，可养八人在上海读书之资。其为伤财，更何待言。夫以四五年或六七年之功，预备一留学生，及其既来异邦，乃以倍蓰之日力，八倍之财力供给之，然后造成一归国之留学生，而其人之果能有益于社会国家与否，犹未可知也。吾故曰：留学者废时伤财事倍而功半者也。

吾所谓留学者，救急之计而非久远之图者，何也？吾国文化中滞，科学不进，此无可讳者也。留学之目的，在于植才异国，输入文明，以为吾国造新文明之张本，所谓过渡者是也。以己所无有，故不得不求于人；吾今日之求之于人，正所以为他日吾自有之之预备也。求学于人之可耻，吾已言之。求学于人之事倍功半，吾亦已言之。夫诚知其耻，诚知其难，而犹欲以留学为储才长久之计，而不别筹善策，是久假而不归也。是明知其难而安其难，明知其耻而犹靦颜忍受不思一洗其耻也。若如是，则吾国文明终无发达之望耳。读者疑吾言乎？则请征之事实。

五六年前，留学生远不如今日之众也，而其时译书著书之多，何可胜计！如严几道、梁卓如、马君武、林琴南之流，其绍介新思想、输入新文明之苦心，都可敬佩也。至于今日，留学人数骤增矣，然数年以来，乃几不见有人译著书籍者。国内学生，心目中惟以留学为最高目的，故其所学，恒用外国文为课本。其既已留学而归，或国学无根柢，不能著译书；或志在金钱仕禄，无暇为著书之计。其结果所及，不惟无人著书，乃并一册之译本哲学科学书而亦无之！嗟夫，吾国人其果视留学为百年久远之计矣乎？不然，何著译界之萧条至于此极也！夫书籍者，传播文明之利器也。吾人苟欲输入新智识为祖国造一新文明，非多著书多译书多出报不可。若学者不能以本国文字求高深之学问，则舍留学外，则无他途，而国内文明永无增进之望矣。吾每一念及此，未尝不寒而栗，为吾国学术文明作无限之杞忧也。吾故曰：留学者，救急之策而非久远之图也。

上所言四端，留学之性质，略具于是矣。夫诚知留学为国家之大耻，则不可不思一雪之。诚知留学为过渡之舟，则不可不思过渡后之建设。诚知留学为废时伤财之下策，则不可不思所以补救之。诚知留学为可暂而不可久，则尤不可不思长久之计果何在。要而言之，则一国之派遣留学，当以输入新思想为己国造新文明为目的。浅而言之，则留学者之目的在于使后来学子可不必留学，而可收留学之效。是故留学之政策，必以不留学为目的。此目的一日未达，则留学之政策，一日不得而收效也。

二

吾绪论留学而结论曰：留学之目的，在于为己国造新文明。又曰：留学当以不留学为目的。是故派遣留学至数十年之久，而不能达此目的之万一者，是为留学政策之失败。

嗟夫！吾国留学政策之失败也，无可讳矣。不观于日本乎？日本之遣留学，与吾国先后同时，而日本之留学生已归而致其国于强盛之域。以内政论，则有健全之称。以外交军事论，则国威张于世界。以教育论，则车夫下女都能识字阅报。以文学论，则已能融合新旧，成一种新文学。小说戏曲，都有健者。以美术论，则雕刻绘画都能自树一帜。今西洋美术，乃骎骎受其影响。以科学论，则本国学者著作等身者殊不乏人。其医药之进步，尤为世界所称述云。日本留学成效之卓著者。盖如此。

今返观吾国则何如矣？以言政治，则但有一非驴非马之共和。以言军事，则世界所非笑也。以言文学，则旧学已扫地，而新文学尚遥遥无期。以言科学，则尤可痛矣。全国今日乃无一人足称专门学者。言算，则微积以上之书，竟不可得。言化学，则分析以上之学，几无处可以受学。言物理，则尤凤毛麟角矣。至于动植之学，则名词未一，著译维艰，以吾所闻见，全国之治此学者一二人耳。凡此诸学，皆不可谓为高深之学，但可为入学之津梁，初学之阶梯耳。然犹幼稚浅陋如此，则吾国科学前途之长夜漫漫，正不知何时旦耳。四十年之留学政策，其成效之昭然在人耳目者，乃复尔尔。吾友任叔永尝言吾国今日乃无学界，吾谓岂独无学界，乃并无学问可言，更无论新文明矣。

夫留学政策之失败，果何故欤？曰是有二因焉：一误于政府教育方针之舛误，再误于留学生志趣之卑下。

　　曷言之一误于政府也？曰：政府不知振兴国内教育，而惟知派遣留学，其误也，在于不务本而逐末。

　　前清之季，政府以廷试诱致留学生。其视国外之大学，都如旧日之书院，足为我储才矣。当美国之退还赔款也，其数甚巨，足以建一大学而有余。乃不此之图，而以之送学生留学美国。其送学生也，又以速成致用为志，而不为久远之计。于是崇实业工科，而贱文哲政法之学。又不立留学年限，许其毕业即归，不令久留为高深之学。其赔款所立之清华学校，其财力殊可作大学，而惟以预备留美为志，岁掷巨万之款，而仅为美国办一高等学校，岂非大误也哉！此前清之误也。今民国成立，不惟于前清之教育政策无所改进，又从而效之，乃以官费留学为赏功之具，于是有中央政府赏功留学之举，于是有广东、陕西、湖南、江西赏功留学之举。其视教育之为物，都如旧日之红顶花翎，今日之嘉禾文虎，可以做人情赠品相授受也。民国成立以来，已二年矣，独未闻有人建议增设大学、推广国内高等教育者，但闻北京大学之解散耳。推其意以为外国大学，其多如鲫，独不可假为吾国高等教育之外府耶？而不知留学乃一时缓急之计，而振兴国内高等教育，乃万世久远之图。留学收效速而影响微，国内教育收效迟而影响大。

　　今政府岁遣学生二百人，则岁需美金十九万二千元，合银元四十万有奇。今岁费四十万元，其所造就仅二百人耳。

若以此四十万元，为国内振兴高等教育之费，以吾国今日生计之廉，物价之贱，则年费四十万元，可设大学二所，可容学生二千人，可无疑也。难者将曰：以今日吾国学界之幼稚，此国内二千人之所成就，必不如海外两百人所成就之多。则将应之曰：此无可免者也。然即令今日所成就，较之留学，为一与五之比例，则十年之后，或犹有并驾齐驱之一日。何则？以有本国之大学在，有教师在，有实验室在，有课堂校舍在，则犹有求学之所，有推广学问之所也。今若专恃留学，而无国内大学以辅之，则留学而归者，仅可为衣食利禄之谋，而无传授之地，又无地可为继续研究高等学业之计，则虽年年遣派留学，至于百年千年，其于国内文明无补也，终无与他国教育文明并驾齐驱之一日耳。盖国内大学，乃一国教育学问之中心；无大学，则一国之学问无所折衷，无所归宿，无所附丽，无所继长增高。以国内大学为根本，而以留学为造大学教师之计；以大学为鹄，以留学为矢，矢者所以至鹄之具也。如是则吾国之教育前途，或尚有万一之希冀耳。

曷言之再误于留学生也？曰：留学生志不在为祖国造新文明，而在一己之利禄衣食；志不在久远，而在于速成。今纵观留学界之现状，可得三大缺点焉：

一曰苟且速成。夫留学生既无心为祖国造文明，则其志所在，但欲得一纸文凭，以为啖饭之具。故当其未来之初，已作亟归之计。既抵此邦，首问何校易于插班，何校易于毕业。既入校，则首询何科为最易，教师中何人为最宽。然后入最易之校，择最宽之教师，读最易之课。迟则四年，早则二三年，而一纸羊皮之纸，已安然入手，俨然大学毕业生矣，可以归矣。及其归国也，国人亦争以为某也某也今自某国某大学毕业归矣，学成矣。而不知四年毕业之大学生，在外国仅为问学之初级，其于高深之学问，都未窥堂奥，无论未能升堂入室矣。此种得第一级学位之毕业生，即以美国一国论，每年乃有五万人之多（美国有名诸大学每年得第一级学位者每校都不下千人）。在人则车载斗量，不可胜数；在我则尊之如帝天，指而相谓曰，此某国某大学之毕业生也。而留学生亦洋洋自满曰，我大学毕业生也。呜呼！使留学之结果，仅造得此种未窥专门学问堂奥之四年毕业生，则吾国高等教育之前途，终无幸耳。

二曰重实业而轻文科。吾所谓文科，不专指文字语言之学，盖包哲学、文学、历史、政治、法律、美术、教育、宗教诸科而言，今留学界之趋向，乃偏重实科，而轻文科。以晚近调查所得，盖吾国留美四百余大学学生中，习文科者仅及百人，而习工程者倍之。加入农学、化学、医学之百余人，则习实科者之数，几三倍于文科云。袒实科者之说曰：吾国今日需实业工业之人才甚急。货恶其弃于地也，则需矿师；交通恶其不便也，则需铁道工程师；制器恶其不精也，则需机械工程师；农业恶其不进也，山林恶其不修也，则需农学大师、森林学者焉。若夫文史哲学，则吾国固有经师文人在；若夫法家政客，则今日正苦其多；彼早稻田明治大学之毕业生，皆其选也。故为国家计，不得不重实科，而轻文科。且习文科者，最上不过得一官，下之仅足以糊口，不如习工程实科者有作铁道大王百万巨富之希望也。故为个人计，尤不得去彼而取此。此二说之结果，遂令习工程实业者充塞于留学界。其人大抵都勤苦力学，以数年之功，专施诸机械木石钢铁之间。卒业之后，或可以绘一机器之图，或可以布百里之路，或可以开五金之矿。

然试问即令工程之师遍于中国，遂可以致吾国于富强之域乎？吾国今日政体之得失，军事之预备，政党之纷争，外交之受侮，教育之不兴，民智之不开，民德之污下，凡以此种种，可以算学之程式机械之图形解决之乎？可以汽机轮轨钢铁木石整顿之乎？为重实科之说者，徒见国家之患贫，实业之不兴，物质文明之不进步，而不知一国治乱、盛衰之大原，实业工艺，仅其一端。若政治之良窳，法律之张弛，官吏之贪廉，民德之厚薄，民智之高下，宗教之善恶，凡此种种之重要，较之机械工程，何啻十百倍！

一国之中，政恶而官贪，法敝而民偷，教化衰而民愚，则虽有铁道密如蛛网，煤铁富于全球，又安能免于蛮野黑暗之讥，而自臻于文明之域也哉？且夫无工程之师，犹可聘诸外人，其所捐失，金钱而已耳。至于一国之政治、法律、宗教、社会、民德、民智，则万非他人所能代庖（今之聘外国人为宪法顾问者失算也），尤非肤受浅尝者所能赞一辞，以其所关系，固不仅一路一矿一机一械之微，乃国家种姓文化存亡之枢机也。

吾非谓吾国今日不需实业人才也，实业人才固不可少，然吾辈绝不可忘本而逐末。须知吾国之需政治家、教育家、文学家、科学家之急，已不可终日。不观乎晚近十余年吾国人所受梁任公、严几道之影响为大乎？抑受詹天佑、胡栋朝之影响为大乎？晚近革命之功，成于言论家理想家乎？抑成于工程之师机械之匠乎？吾国苟深思其故，当有憬然于实业之不当偏重，而文科之不可轻视者矣。

三曰不讲求祖国之文字学术。今留学界之大病，在于数典忘祖。吾见有毕业大学而不能执笔作一汉文家书者矣，有毕业大学而不能自书其名者矣，有毕业工科而不知中国有佛道二教者矣。吾不云乎，留学者，过渡之舟楫也。留学生者，篙师也，舵工也。舟楫具矣，篙师舵工毕登矣，而无帆、无舵、无篙、无橹，终不能行也。祖国之语言文字，乃留学生之帆也，舵也，篙也，橹也。帆飞篙折，舵毁橹废，则茫无涯际之大海，又安所得渡耶？徒使彼岸问津人，望眼穿耳。

吾以为留学生而不讲习祖国文字，不知祖国学术文明，其流弊有二：

（一）无自尊心。英人褒克有言曰：人之爱国，必其国有可爱者存耳。今吾国留学生，乃不知其国古代文化之发达，文学之优美，历史之光荣，民俗之敦厚，一入他国，目眩于其物质文明之进步，则惊叹颠倒，以为吾国视此真有天堂地狱之别。于是由惊叹而艳羡，由艳羡而鄙弃故国，而出主入奴之势成矣。于是人之唾余，都成珠玉，人之瓦砾，都成琼瑶。及其归也，遂欲举吾国数千年之礼教文字风节俗尚，一扫而空之，以为不如是不足以言改革也。有西人久居中国，归而著书曰：今中国少年所持政策，乃趸卖批发之政策也。斯言也，恶谑欤？确论欤？

（二）不能输入文明。祖国文字，乃留学生传播文明之利器，吾所谓帆舵篙橹者是也。今之不能汉文之留学生，既不能以国文教授，又不能以国语著书，则其所学，虽极高深精微，于莽莽国人，有何益乎？其影响所及，终不能出于一课堂之外也。即如严几道之哲学，吾不知其浅深，然吾国今日学子，人人能言名学群学之大旨，物竞天择之微言也，伊谁之力欤？伊谁之力欤？又吾国晚近思想革命政治革命，其主动力，多出于东洋留学生，而西洋留学生寂然无闻焉，其故非东洋学生之学问高于西洋学生也，乃东洋留学生之能著书立说者之功耳。使吾国之留学生，人人皆如郑富灼、李登辉，则吾国之思想政治必与二十年前丝毫无易，此可断言者也。

上所论三者，一曰苟且速成，二曰偏重实科，三曰昧于祖国文字学术。惟其欲速也，故无登峰造极之人才。惟其趋重实科也，故其人多成工师机匠，其所影响，不出一路一矿之微，而于吾所谓为祖国造文明者，无与焉。惟其昧于祖国之文字学术也，故即有饱学淹博之士，而无能自传其学于国人，仅能作一外国文教员以终身耳，于祖国之学术文化何所裨益哉？何所裨益哉？故吾以为留学之效所以不著者，其咎亦由留学生自取之也。

是故吾国数十年来之举，一误于政府之忘本而逐末，以留学为久长之计，而不知振兴国内大学，推广国内高等教育，以为根本之图。国内高等教育不兴，大学不发达，则一国之学问无所归聚，留学生所学，但成外国入口货耳。再误于留学生之不以输入文明为志，而以一己之衣食利禄为志。其所志不在久远，故其所学不必高深。又蔽于近利而忘远虑，故其所肄习多偏重工程机械之学。虽极其造诣，但可为中国增铁道若干条，开矿产若干处，设工厂若干所耳，于吾群治进退，文化盛衰，固丝毫无与也。吾国留学政策之全行失败，正坐此二大原因。又不独前此之失败已也。若政府犹不变其教育方针，若留学生犹不改其趋向志趣，则虽岁遣学生千人，至于千年万祀之久，于吾国文明无所裨益也。但坐见旧文明日即销亡，而新文明之来，正遥遥无期耳！吾为此惧，遂不能已于言。吾岂好为危言，以耸人听闻哉？吾不得已也。

三

吾既论留学之性质及其失败之原因矣，然则留学可废乎？曰：何可废也？吾不云乎，留学者，救急之上策，过渡之舟楫。吾国一日未出过渡之时代，则留学一日不可废。以留学之效不著之故，而废留学，是因噎而废食也。病噎者，治噎可也，而遂废食，不可也。患留学之失败者，补救之可也，而遂废留学，不可也。补救之之道奈何？曰：改教育之方针而已矣。

吾国在昔之教育，以科举仕进为目的。科举之废八年矣，而科举之余毒未去。吾观于前清学部及今日教育部之设施，一科举时代之设施也。吾观于今日国内外学子之趋向志趣，一科举时代之趋向志趣也。考优也，考拔也，考毕业也，廷试留学生也，毕业生与留学生之授官也，皆以仕进利禄劝学者也。上以此劝，则下以此应。无惑乎吾国有留学生至数十年之久，而不得一专门学者也。以国家之所求固不在此，而个人之所志，亦不在此也。居今日而欲以教育救国也，非痛改此仕进利禄之方针，终无效耳，终无效耳！

夫吾国今日果宜以何者为教育之方针乎？曰：今日教育之唯一方针，在于为吾国造一新文明。吾国之旧文明，非不可宝贵也，不适时耳，不适于今日之世界耳。欧洲有神话，记昔有美女子怵一巫，巫以术闭之塔上，令长睡百年，以刺蔷薇封其塔，人莫能入。百年既逝，有少年勇士，排蔷薇而入塔，睹此长睡美人之容光，遽吻其颊，而女子遽惊觉，百年之梦醒矣，遂为夫妇。吾国之文明，正类此蔷薇塔上百年长睡之美人。当塔上香梦沉酣之时，塔外众生方扰攘变更，日新而月异。迨百年之梦醒，而塔外之世界，已非复百年前之世界。虽美人之颜色如故，而鬟鬓冠裳，都非时世之妆矣。吾国近事，何以异此。吾之长睡，何止百年？当吾梦醒之日，神州则犹是也，而十九世纪与二十世纪之世界，已非复唐宋元明之世界。吾之所谓文明，正如百年前之画眉深浅，都不入时。是故塔上梦醒之美人，而欲与塔外蛾眉争妍斗艳也，非改效时世之妆不可。

吾国居今日而欲与欧美各国争存于世界也，非造一新文明不可。造新文明，非易事也，尽去其旧而新是谋，则有削趾适屦之讥；取其形式而遗其精神，则有买椟还珠之诮，必也。先周知我之精神与他人之精神果何在，又须知人与我相异之处果何在，然后可以取他人所长，补我所不足，折衷新旧，贯通东西，以成一新中国之新文明。吾国今日之急务，无急于是者矣。二十世纪之大事，无大于是者矣。以是为吾民国之教育方针，不亦宜乎？

教育方针既定，则留学之办法亦不可不变。盖前此之遣留学生，但为造官计，为造工程师计，其目的所在，都不出仕进车马衣食利禄之间。其稍远大者，则亦不出一矿一路之微耳，初无为吾国造新文明之志也，今既以新文明为鹄，则宜以留学为介绍新文明之预备。盖留学者，新文明之媒也，新文明之母也。以浅陋鄙隘之三四年毕业生，为过渡之舟，则其满载而归者，皆其三四年中所生吞活剥之入口货也，文明云乎哉！文明云乎哉！吾故曰：留学方法不可不变也。

改良留学方法之道奈何？曰：第一需认定留学乃是救急之图，而非久长之计（其说见一），久长之计乃在振兴国内之高等教育。是故当以国内高等教育为主，而以留学为宾；当以留学为振兴国内高等教育之预备，而不当以国内高等教育为留学之预备。今日之大错，在于以国内教育仅为留学之预备。是以国中有名诸校，都重西文，用西文教授科学。学生以得出洋留学为最高之目的，学校亦以能使本校学生可考取留学官费，或能直入外国大学，则本校之责已尽矣。此实今日最大之隐患。其流弊所及，吾国将年年留学永永为弟子之国，而国内文明终无发达之望耳。欲革此弊，当先正此反客为主，轻重失宜之趋向，当以国内高等教育为主脑，而以全副精神贯注之经营之。留学仅可视为增进高等教育之一法。以为造成专门学者及大学教师之计，上也；以为造成工师机匠以应今日急需之计，其次也；至于视留学为久长之计，若将终身焉，则冥顽下愚之下策矣。不佞根据上列理由，敬拟二策：一曰慎选留学，所以挽救今日留学政策之失也；二曰增设大学，所以增进国内之高等教育为他日不留学计也。

今分条详论之如下。

第一，慎选留学之法，可分四级论之。

甲　考试资格。凡学生非合下列资格者，不得与留学之选：

（子）国学：须通晓《四书》、《书经》、《诗经》、《左传》、《史记》、《汉书》考试时择各书中要旨，令疏说其义。

（丑）文学：作文能自达其意者，及能译西文者。其能通《说文》与夫《史》、《汉》之文及唐诗宋词者尤佳，不必能作诗词，但能读足矣。

（寅）史学：须通晓吾国全史（指定一种教科书，如夏穗卿《中国历史》之类）。

（理由）上列三门，初不为苛求也。国文，所以为他日介绍文明之利器也；经籍文学，欲令知吾国古文明之一斑也；史学，欲令知祖国历史之光荣也。皆所以兴起其爱国之心也。凡此三者，皆中学以上之学生人人所应具之知识，以此为留学生之资格，安得为苛求乎？

（卯）外国语：留学之国之言语文字，需能读书作文，如留英美者须英文，留德法者须德法文，皆须精通。此外尚须通一国近世语言，如留英美者，英文之外，须通德文或法文。以粗知文法大义，能以字典读书为度。

（理由）外国大学生大抵多能通二三国文字。在美国则入大学尚可以中国文代希腊拉丁，有时德法文亦可于入大学后补习，有时竟可豁免；然欲入大学毕业院，非通德法文，即不能得博士学位。故宜以早习之为得计也。

（辰）算学：代数、平面几何、立体几何、平面三角万不可少，否则不能入大学。

（巳）科学：物理、化学之大概，动植生理，能通更佳。

（午）所至之国之历史政治：如至美者，须稍知美之历史政治，至少需读白来斯氏之《平民政治》（James Bryce's "*American Commonwealth*"）。（理由）留学生不独有求学之责，亦有观风问政之责，非稍知其国之历史政治，不能觇国也。

以上所列，为选送留学万不可少之资格，以非此不能入外国大学也。论者或谓今日能具此种资格者盖鲜，不知留学为今日要图，若无及格学生，宁缺可也，不可滥竽以充数也。且国家苟悬此格以求之，则国中欲得官费留学者，必将竭力求及此格，不患缺也。

乙　留学年限。求学第一大病在于欲速成。第二大病在于陋隘。速成者浅尝而止，得一学士文凭即已满意，不自知其尚未入学问之门也。陋隘者除所专习之外，别无所知。吾见有毕业大学工科，而不知俾斯麦为何许人者矣。欲革此二弊，当采限年之法。

（子）凡留学之第一二年，一律学文科（Arts and Sciences 或名 Academic Course），俾可多习语言文字、政治、历史、哲学、理化之类，以打定基础，开拓心胸。

二年之后，然后就性之所近习专科，或习文艺，或习实业工程焉。

（丑）所学四年毕业之后，习文科者须入毕业院，至少再留一年，能更留二三年尤佳。其习工程者，至少须至实地练习一年，始可令归。

丙　鼓励专门学问。以上所陈资格、年限，都为直入大学者计耳。在外国大学四年毕业，其事至易，而所学綦浅，不足以言高深之学问也。真正专门之学问，须于毕业院求之，故当极力鼓励学生入毕业院。其法有三：

（子）择私费学生已毕业外国大学，又得大学保证，其所学果有心得堪以成就者，由国家给与官费，令入毕业院，继续所学。

（丑）择本国大学毕业生成绩优美、有志往外国继续研究所学者，与以官费。

（理由）所以必须大学保证其学有心得成绩优美者，以毕业乃是易事，往往有所学，毫无心得，而勉强及格得毕业者，故须保证也。

（寅）设特别专门官费。特别专门官费者，指定某项官费，需用作留学某种学问之费，如设矿学官费若干名，昆虫学官费若干名之类。此种官费，办法如下：

（一）分科：分科视国家时势所急需而定。如需昆虫学者，则设昆虫学官费；需植物学者，则设植物学官费是也。

（二）资格：凡于指定之科学有根柢，又有志研究更深学问者，皆得应考。又凡在外国大学专门已有成绩者，但有大学本科掌教保证，亦可给与。（参观丙子）

丁　官费留学生对于国家之义务。官费留学生归国之后，得由中央政府或各省政府随时征召，或入国家专门图书馆编纂教科书，或在国家大学或各省立大学任教授之责，或在国家工厂任事，或在各部效力。其服务之期限，视其人留学之年限而定。在此服劳期内，所受薪俸，皆有定额。著为律令。其有不服征召者，有罚，国家得控告之。

上所述诸条，皆改良留学之办法，但可施诸官费学生，而不能施诸私费学生者也。诚以今日留学界官费者居十之六七，其费既出自国家，易于整顿改革。彼私费学生，费自己出，非国家所能干预，无可如何也。

第二，增设大学。吾国诚以造新文明为目的，则不可不兴大学，徒恃留学无益也。盖国内之大学，乃一国学术文明之中心；无大学，则输入之文明，皆如舶来之入口货，一入口立即销售无余，终无继长增高之望（其说互见二）。吾国比年以来，留学生日众而国中高等教育毫未进步者，盖以仅有留学而无大学以为传布文明之所耳。国中无完美之大学，则留学生虽有高深之学生，无所用之，其害一也。国中无地可求高等学问，则学者人人都存留学之志，而国内文明永无进步之望，其害二也。外国大学四年毕业之学科（即所谓 Under-graduate Course），国内大学尽易教授，何必费时伤财，远求之于万里之外乎（实科稍难，文科更易）？其害三也。外国有名之大学，当其初创，都尝经过一草昧经营之时代，非一朝一夕即可几今日完美之境。吾国设大学于今日，虽不能完备，而他日犹有继长增高急起直追之一日。若并此荜路蓝缕之大学而亦无之，更安望他日灿烂光华之大学哉？其害四也。今国学荒废极矣！有大学在，设为专科，有志者有所肄习，或尚有国学昌明之一日；今则全国乃无地可习吾国高等文学，其害五也。积此五害，吾故曰不可不兴大学。

（附注）吾国今日有称"大学"者若干所，然夷考其学科，察其内容，其真能称此名者，盖甚少也。大学英名 University，源出拉丁 Universitas，译言全也，总也，合诸部而成大全也。故凡具各种专门学科合为一大校者，始可称为大学。其仅有普通文科，或仅有一种专门学科者，但可称为学院，或称某科专门学校。即如记者所居康南耳大学，乃合九专校而成：曰文艺院，曰农学院，曰法学院，曰机械工程院，曰土木工程院，曰建筑学院，曰医学院，曰兽医学院，曰毕业院。此九院者，分之则各称某院，或某校，合之乃成康南耳大学耳。今吾国乃有所谓文科大学，经科大学者，夫既名经科，既名文科，则其为专科学校可知，而亦以大学名，足见吾国人于"大学"之真义尚未洞然也。后此本文所用"大学"概从此解，其仅有一种专科者，则称专科学校（省称专校）。

增设大学之计划，管见所及，略如下方：

一、国家大学。直接隶属中央教育部，择最大都会建设之，如今之北京、北洋、南洋三大学皆是。此等大学，宜设法为之推广学科（今此三大学之学科不完极矣，几不能名为大学），增置校舍及实验室。增设学额，分摊各省，省得送学生若干人。此等国家大学，代表全国最高教育，为一国观瞻所在，故学科不可不完也，试验场不可不备也。校中教师宜罗致海内外名宿充之。所编各学科讲义，宜供全省大学之教本。大学之数，不必多也，而必完备精全。今不妨以全力经营北京、北洋、南洋三大学，务使百科咸备，与于世界有名大学之列，然后以余力增设大学于汉口、广州诸地。日本以数十年之力经营东京西京两帝国大学，今皆有声世界矣。此其明证，未尝不可取法也。

二、省立大学。省立大学，可视本省之急需而增置学科，如浙江大学则宜有蚕学种茶专科，福建大学则宜有漆工及造船专科，江西大学则宜有瓷器专科之类。此省立大学之益也。

省立大学可就今之高等学堂改设之。先于高等学堂内设大学科，以高等毕业生及招考所得者实之。又可合本省之高等实业、高等商业、法政专科、路矿学堂、高等师范诸校而并为一大学，既可节省无数监督提调之薪俸，又可省去无数之教员，利莫大焉。省立大学隶于本省之教育司，由本省议会指定本省租税若干为经费。省立大学学费宜轻，能免费更佳。如不能免，则每县应有免费生若干名，以考试定之。

各省大学，入学程度及毕业年限，均由中央教育部定之，以归画一。其毕业所得学位，与国家大学所给同等。毕业生之程度，宜竭力求与各国大学同等。内地人少民贫之省，不能设大学者，可与他省联合设立大学，如陕甘大学、云贵大学之类。

三、私立大学。凡以私人财产设立大学者，须将所捐财产实数及立学宗旨，呈报本省教育司立案。成立之后，宜由教育司随时考察其成绩。其成效已大著者，国家宜匡助之。匡助之法，或捐款增设学科于其校中，以助成其完备（记者所居之康南耳大学为私立大学，而纽约省政府乃设农院及兽医院于是），获捐款设免费额若干名于其校中，俾贫家子弟得来学焉。

私立大学之入学资格及毕业年限，皆须与国家大学及省立大学同等。

私立大学在各国成绩卓著，而尤以美国为最著。美国有名之大学，哈佛 Harvard，耶尔 Yale，康南耳 Cornell，约翰霍铿 John's Hopkins，卜郎 Brown，芝家角 Chicago（煤油大王洛克斐老所捐），皆私立大学也。私立大学非一人所能成，所赖好善之士，慷慨继续捐助，以成创始者之美，始有济耳。

以上所述三种大学，略具梗概而已，尚有专科学校亦关紧要，故附及焉。

四、专科学校（或官立或私立）。上所述之大学，皆以一大校而具若干专校者也。合诸专校为一校，既可节省许多职员教员之薪俸，又以诸校同居一地，学生可于本科之外，旁及他科，可免陋隘之弊。惟有时或经费不足设大学，或地方所需以某科为最急，或其位置所在，最适于某科，于是专科学校兴焉。在吾国，如江西之景德镇可设瓷器专科学校，萍乡、大冶，可设矿业学校是也。

专科学校有三大目的：（一）在于造成实用人才。如矿业学校需造成矿师，铁道学校在造成铁道工程师之类。（二）在于研求新法以图改良本项实业。如瓷业学校不独须研究瓷器之制造，并须研究改良吾国瓷业之法。（三）在于造成管理之人才。今人徒知工程之必要，而不知工程师正如一种人型的机器，供人指挥而已。各种工业实业之发达，端赖经理得人。此项经理之才，譬之军中之将帅，一军之安危胜负系焉。若工程师则兵而已耳，枪炮而已耳，是故专校宜注意此项知识。习银行者，不独能簿记分明而已，尤在能深知世界金融大势。习铁路者，不独知绘图筑路，尤宜知铁路管理法及营业法。

专科学校毕业生，宜与大学毕业生同等。

以上所述大学及专校之组织，但就管见所及，贡其刍荛而已。此外尚有二要点，亦未可忽，略称之如下：

（甲）大学中宜设毕业院。毕业院为高等学问之中心，以四年毕业之大学生，尚未足以语高深之学问。各国于学问，其有所成就者，多由毕业院出者也。鄙意宜鼓励此种毕业院。院中组织，以本学所有各科正教习兼毕业院教习，另推一人主之。院中学科以研究有心得为重。美国大学毕业院有两种学位：一为硕士，至少需一年始可得之，一为博士，需三年始可得之。院中学生须择定一正科一副科（欲得博士者须二副科），所习各科大概多关此二科者。又须于正科内择定一重要问题，足资研究者，而旁搜博采以研究之。有所心得，乃作为论文，呈本科教师，谓之博士论文，或硕士论文。如所做论文果有价值，则由大学刊行于世。大学无毕业院，则不能造成高深之学者，然亦不必每校都有毕业院。鄙意国家大学必不可少此制，省立大学从缓可也。

（乙）大学中无论何科，宜以国语国文教授讲演，而以西文辅之。此条在今日似不能实行，其故以一则无译本之高等教科书；二则当教员者未必人人能编讲义；三则科学名词未能统一，不宜编著书籍。此三层阻力，可以下法消除之：

（一）国家设专门图书馆，选专门学者居其中，任以二事：

（子）编译专门教科书供各大学采用。

（丑）编译百科词典。凡译著书者须遵用词典中名词，以求统一。词典未出版以前，译书著书者，需将所用名词，送交此馆中本科编纂人，得其核准。如著译人不愿用词典中名词，须注明"词典中作某名"。

此图书馆或即与国家所立大学同设一处，俾编译教科书者即可实地练习，视其书适用与否。

（二）凡国立省立各大学中，非能用国文教授者不得为教师。其能自编讲义者听之，惟所用名词，须遵用国家专门图书馆词典。其不欲编讲义者，可采用图书馆所编之教本。

（三）大学生至少须通一国外国文字，以能读书为度，故各大学可用西文书籍为参考互证之用。

夫居今日而言，大学必用国文教授，吾亦知其难。惟难不足畏也，今日勉为其难，他日自易易。若终不为，则难者终无变易之一日耳。须知吾辈今日求学问，并非仅作入他国大学计已也，乃欲令吾所学于人者，将由我而输入祖国，俾人人皆可学之，然此非以国文著译书籍不可。今之所以无人著译科学书籍者，以书成无所用之，无人读之耳。若大学既兴，而尤不能用国文教授讲演，则永永无以本国文字求高等学之望矣！

结论

吾作《非留学篇》乃成万言。冗长芜杂之咎，吾何敢辞！

今欲提挈纲领，为国人重言以申明之，曰：吾国今日处新旧过渡青黄不接之秋，第一急务，在于为中国造新文明。

然徒恃留学，决不能达此目的也。必也一面亟兴国内之高等教育，俾固有之文明，得有所积聚而保存，而输入之文明，亦有所依归而同化；一面慎选留学生，痛革其速成浅尝之弊，期于造成高深之学者，致用之人才，与夫传播文明之教师。以国内教育为主，而以国外留学为振兴国内教育之预备，然后吾国文明乃可急起直追，有与世界各国并驾齐驱之一日，吾所谓"留学当以不留学为目的"者是也。

若徒知留学之益，乃恃为百年长久之计，则吾堂堂大国，将永永北面受学称弟子国，而输入之文明者如入口之货，扞格不适于吾民，而神州新文明之梦，终成虚愿耳！吾为此惧，遂不能已于言。

知我罪我，是在读者。

北大的文明定位与自我背叛 *

甘　阳　刘小枫

　　作为八十年代黄金时代曾在北大（三院，六院，25楼）度过几年无拘无束日子的人，我们从前一直认为北京大学是世界上最好的大学。以后我们到过欧美很多著名大学，但我们至多认为它们和北大一样好，从不认为北大比任何大学差。北大就是北大，北大只能从其自身的文明属性和文化气质来内在衡量，以任何外在的比较和量化指标来衡量计算北大，只能毁掉北大的傲气和灵性。

"英文北大"？

　　可是，在我们先后回国以后，我们十分沮丧地被不断告知，我们曾经就读的北京大学其实是根本不入流的三流大学，我们尤其惊诧地发现，对北大最不满，认为

---

* 本文写就于 2014 年 7 月 23 日。7 月 24 日发表于网络：《21 世纪经济报道》app、《东方早报》app 以及 "澎湃新闻"。

北大太差太烂而必须动大手术以致休克疗法的，不是别人，正是北京大学行政当局。我们随后发现，北大行政当局对北大的全部不满，其实集中在一点，那就是：北京大学居然至今仍然是一所讲中文写中文的土鸡大学，这怎么可以！不是英文大学，怎么可能成为"世界一流大学"？从2003年的北大聘任制改革，到2014年的所谓燕京学堂，其实贯穿的是同一条改革思路，想达到的是同一个改革目标，那就是：英文！英文！英文！必须下死决心把北京大学彻底改造为一所英文大学，如此才能真正与国际接轨，如此方可与新加坡大学香港大学竞争亚洲第一（君不见，英文的新大港大被西方评为第一第二亚洲大学？君不见，中文的北大怎么与英文的新大港大相比？君不见，现在是大学国际化时代也就是英文化时代，不转英文怎么成？）。

要把北大改造成一所英文大学，谈何容易！最大的障碍自然首先是现有的北大教师，因为他们大多只讲中文不讲英文。于是，2003年的北大改革倾全力集中于聘任制改革，目的就是想大换血，希望用最严酷的聘任制尽快把北大的教师都换成说英文写英文的教师，当时的北大行政当局公开放出狠话："北大是一流的学生，二流的教师"！为什么北大教师都是二流呢，不就因为他们不说英文，不写英文嘛，不就因为他们不与国际接轨嘛！但 2003 年的北大改革由于吃相过于难看，水平又过于低下，最后落得灰溜溜的下场（参见甘阳 2003 年的有关北大改革的四篇文章，已收入本书）。如今 2014 年的北大改革多少汲取了 2003 年的教训，知道正面强攻不如迂回，于是绕开土鸡们，先在北大内部建立一个鹤立鸡群的校中之校。这个把土鸡们都踩在脚下的超级豪华学堂凭什么牛呢？两个字：英文！不仅是英文学堂，还是英文住宿学院！整个改革的关键词仍然只有一个：英文！除了用英文取代中文以外，北大当局其实不知道大学还应该做什么。在中文的北大心脏挖出一个英文住宿学院，有如当年上海天津划出"租界"，这无论如何是太有想象力的改革创举！正是以这种划出一方租界的方式，北京大学终于迈出了走向英文化大学的第一步，改革真来之不易啊！

不幸，2014 年的改革激起的反弹已经大大超出 2003年，尤其是北大学生的强烈反弹远远超出 2003 年。为什么？因为这个鹤立鸡群的校中之校分明告诉北大人：不但北大的教师是二流，北大的学生也是二流！只有"租界"内的豪华学生才是一流，他们都来自所谓"世界顶尖名校"，说的都是呱啦呱啦的英文，哪像北大这种不入流土鸡大学的学生还在说中文。"租界"内外，代表两个不同世界，两种不同价值："租界内"说的是英文，这是国际日常语言，还是国际学术语言，代表"文明"和"进步"；"租界外"说的是中文，既非国际语言，亦非学术语言，代表的是"野蛮"和"落后"。简言之，"租界内的英文北大"代表北京大学已与国际完全接轨，提前摸到了"世界一流大学"的门槛，而"租界外的中文北大"则代表北大的陈腐过去，必须被彻底淘汰。北大当政自许的"担当"，似乎就是要以"租界内的英文北大"为据点，逐步改造以致彻底淘汰"租界外的中文北大"——只有彻底以英文取代中文，只有"英文北大"完全取代了"中文北大"，北京大学才可能真正成为"世界一流大学"。正因为如此，北大会把任何研究型大学都不当回事的一个一年制硕士项目提到北大战略发展的最高地位，反复宣称，这个一年制硕士项目是北京大学进入新世纪以来最重大的改革举措，事关北大的命运北大的未来，甚至关系到中国梦是否能实现。

何以一个小小的一年制硕士项目对北大如此举足轻重，竟然能承担如此重大的历史使命？这一点，北大说不清楚，也永远不可能说得清楚。因为"租界学堂"的最终目标即用"英文北大"取代"中文北大"这一点，北大官方不能说，只能做。但无论支持还是反对校方改革的人对此都看得一清二楚，正所谓司马昭之心路人皆知。例如，支持北大校方的北大国关应届毕业生罗同学就用实名在网上发文挑明："这个事情，很多北大人都看得很清楚，碍于情面，讲不出来。我反正离开北大了，我来讲，任何改革都会有哭泣者，北大要与国际接轨，成为世界一流的研究型大学，当然要淘汰无法用英文做研究的学人。"这位支持校方的同学还特别举出辛德勇老师为例，认为虽然辛老师现在"已经变成公认的北大良心"，但"根据辛的学术履历，恐怕很难达到与国际学人同行对话的英文资质，那他就可能是北大改革方向的牺牲品"。

"租界英文学堂"？

用英文矮化北大教师，用英文矮化北大学生，用英文矮化北大本身，这大概就是2003年到2014年的北大改革轨迹。这股不可抑制的英文冲动或自我殖民冲动，推动北大不断自我矮化，最终形象地表现为一个鹤立鸡群的"租界英文学堂"把整个北大踩在脚下。"租界"内外的关系，非常典型地象征着"国际化＝英文"对于"中国本土大学"居高临下的宰制性关系，也非常典型地象征着北大的自我异化与自我扭曲。遗憾的是，北大主事人不仅毫无反思地接受这种宰制，甚至还千方百计主动寻求被宰制，不惜让北大处于毫无尊严的臣服地位。在北大主事人心目中，英文等于国际化，只要是用英文教学的大学就高北大一头。正因为用英文等于有学术，租界英文学堂的硕士当然一年学制足矣！北大主事人想当然地认为，"租界英文学堂"的学生来自国外名校，水平当然大大超过北大学生，这些英文脑瓜学一年"英文中国学"当然抵得上甚至远远超过三年学制的中文北大硕士，甚至超过四年学制的中文北大博士，给他们的奖学金自然应当十倍八倍于北大的土鸡硕士博士，甚至应该高于北大土鸡讲师的工资！须知"租界学堂"讲国际学术语言，岂可与非国际非学术的中文相提并论？三年学制的中文北大硕士算什么，四年学制的中文北大博士又算什么，你们读得再多也是中文，写得再多也是中文，又不是英文！只有英文是学术，只有英文是思想，只有英文出精英甚至出领袖！一切非英文莫能！今后北京大学王牌的王牌，就是北大"租界学堂"出身的一年制"英文中国学硕士"，用北大主事人在《人民日报》刊登的宣传广告说法，这些"英文中国学硕士"代表北大"用中国学构建中国文化主体性"的努力，以后要靠他们去实现中国梦。

迄今为止，北大主事人从未说过这些"租界学生"除了会说英文以外，还需要什么样的资格和条件入学，例如，他们以前必须有过什么突出表现或贡献，特别是参与过哪些促进全球正义或改革全球不平等的公益活动，必须已经修过多少关于中国的课程并取得过怎样的成绩，必须至少读过多少英译中国典籍并通过什么考试。北大主事人从未想过这些问题，正如他们从未想过，也根本不敢提出"租界学生"是否应该至少通过初级中文考试。在北大主事人心里，怎么可以对人家提出学中文这样的要求呢，他们能够来北大就已经很给北大面子啦，例如奥巴马的女儿，巴马奥的儿子，巴巴巴的外孙，奥奥奥的女婿……，倘若他们肯来北大，那是我们北大多大的荣耀啊！学制当然不能超过一年，要人家正儿八经来读三年书，那怎么行，谁还来啊，我们北大毕竟是土鸡大学，是求人家来啊，重要的是把人家招待好，住宿制是必须的，食宿必须超一流嘛！面对这些想象中的"租界学生"，北大显得低三下四，要求降到最低，待遇提到最高，今日北大怎么会沦落至此？

"英文中国学"？

不可思议的是，"租界计划"遭到北大内外普遍反对以后，北大主事人开始大谈"担当"，甚至大谈"中国梦"。坦白说，如果不是北大主事人如此唱高调，我们本无意介入。如果北大主事人老老实实地说，北大不过挂羊头卖狗肉搞个噱头　做个一年制项目弄点钱，也勾兑点国际人际关系，大家别那么较真，也就罢了。毕竟，想让奥巴马的女儿来北大混一年，或者送这些国际政要子女一个不值钱的一年制硕士学位，甚至搞搞国际裙带关系什么的，我们都懒得理会。但当北大主事人在《人民日报》上高调地把这些不入流的事情称为是"一流大学的一流担当"，并用大字标题堂而皇之宣称，这是北大"用中国学构建中国文化主体性"，还标榜"租界英文学堂"是"为了复兴中国梦"时，我们不禁哭笑不得，这不是公然愚弄中国吗？

试问，"一流大学的一流担当"就是办一个一年制硕士项目？就因为是英文的？还是因为它专为国际权贵服务？代表堂堂北大说话，怎么可以如此不自重？一流大学就是专门经营毫无学术价值的速成培训班？"一流担当"就是恳求国际权贵子女来参加速成班？北京大学走向一流大学的最重大举措就是巴结国际权贵子女？这也能拿得上台面？

其实，北大主事人在《人民日报》上对全中国人民说的话非常不诚实。他们应该说，他们想的是"用英文中国学构建中国文化主体性"，用"英文学堂"来"复兴中国梦"。一旦说出实话，这类牛头不对马嘴的语无伦次就立即暴露无遗。什么是"中国文化主体性"？一个看不起中文只崇拜英文的大学怎么可能有中国文化主体性？难道不正是因为毫无中国文化主体性意识，才会想得出"用英文构建中国文化主体性"？"中国文化主体性"竟然可以靠一个一年制的"英文中国学"速成班来构建？一个中文大字不识，一句中文不会讲的"英文中国学硕士"本身就已经是国际笑话，他们何以还能成为"中国文化主体"？北大主事人似乎真的相信，"租界英文学堂"每年招收65个国际权贵子女，只要经过一年"英文中国学"速成培训，不需要学中文，这些国际纨绔子弟就被打造成了"速成中国文化主体"，而且是全球最精英的"英文中国文化主体"，用他们的话说，这些"一年速成英文中国学硕士"将成为"真正懂得中国，热爱中国的人才"，是"能够站在国际舞台上发出响亮的中国声音的人才。"北大不怕成为全世界的笑料吗？

我们不能不问，北大的这个"英文中国学硕士"究竟是个什么东西。全世界任何地方办"中国学硕士"至少装模作样也要学点儿中文，只有中国北大高调宣称自己办的是"英文的中国学"，不需要学中文。更妙的是，他们同时又强调，这是"中国的英文中国学"，不同于"西方的英文中国学"，不是盲目照搬西方的中国研究和西方汉学，是"用英文讲的但又不同于西方的中国本土英文中国学"，目的是"构建中国文化主体性"，"复兴中国梦"。试问为什么"复兴中国梦"必须是"英文的中国学"，而不是"中文的中国学"？难道只有英文才能救中国，不讲英文就没有中国文化主体性？或者此英文又不是彼英文，是可以打造中国文化主体性的英文？

我们实在听不懂，只能认真建议，北大"租界学堂"的招生广告应该明确标明，这是 Chinese English Chinese Studies，为了对学生负责，还应特别说明，这不同于英国或美国的中国学即 English English Chinese Studies / American English Chinese Studies。即便如此，我们仍然非常希望搞清楚，北大的"中国的英文中国学"到底和"西方的英文中国学"不同在什么地方？是因为北大的"英文中国学"坚持中国主体，中国视野，中国立场，中国传统，中国学问？还是什么？尤其是，我们特别希望搞清楚，北大主事人根据什么标准全球招聘"中国的英文中国学家"，而不是"西方的英文中国学家"？是不是"西方的英文中国学家"只要聘到了北大租界学堂，就摇身一变自动成了"中国的本土英文中国学家"，从而有资格"构建中国文化主体性"？或者，有些人在西方混了很多年结果没拿到 tenure 没混成"西方的英文中国学家"，只好转到北大租界学堂，一个华丽转身就成了"中国的本土英文中国学家"？如果这样，是否在西方拿不到 tenure 的"西方的英文中国学家"，只要还能写英文，都可以立马成为"中国的本土英文中国学家"？再问一次，"中国的英文中国学家"的标准到底是什么，与"西方的英文中国学家"究竟有什么区别？

说穿了，北大的"英文中国学"不过是想把西方的中国研究和汉学大规模移植到北大。他们所谓全球招聘"中国的英文中国学家"，不过就是招聘西方的中国研究和汉学培养出来的"西方的英文中国学家"，不然还能是什么呢？本来，这种招聘可以是常规的，多年来985大学各院系都有在海外招聘，回来的学者大多很快融入中国学术共同体，主要以中文讲课和写作。但北大现在的"英文中国学"全球招聘恰恰不正常，因为，建立"租界英文学堂"的目的，就是要这些招聘来的学者只用英文讲课和写作，建立地地道道的"租界学术"。这一"租界学术"只是英文学术共同体的从属，与中文学界无关，但却暗暗希望凌驾并统治中文学术界。这里的根本问题就在北大主事人从心里看不起中文，看不起中文学术，看不起中文学术界。他们要的就是北大克隆一个和西方一模一样的英文学术单位，从而成为西方学术界的"附庸藩属"（参甘阳，"华人大学理念与北大改革"，"华人大学理念九十年"，已收入本书）。这种"租界学术"将会产生非常恶劣的深远影响，这就是告诫中国学者特别是年轻学者放弃中文学术写作，完全转向英文生产，就像香港和新加坡一样。

本来，中国的北大有大批最优秀的中文中国学家，最有实力成为全球最强的"中国学"教学和研究共同体，但北大主事人看不上，他们根本不认为中文学术是学术，所以要另起炉灶打造所谓"中国的英文的中国学"——号称要在校内双聘30个"中国的英文中国学家"，全球招聘20个或40个"中国的英文中国学家"——我们可以断定北大校内其实找不出30个"中国的英文中国学家"，因为优秀的中国学者根本不齿当"中国的英文中国学家"，同样可以断定，全球招聘来的所谓"中国的英文中国学家"，当然不过就是西方的中国研究和汉学而已。说到底，北大主事人心目中其实只有一种"中国学"，那就是英文的西方中国研究和汉学。

中文北大的文明定位

在英文面前抬不起头来，认为只有英文是国际语言，只有英文是学术语言，这种"中文自卑心态"和"英文至上主义"几乎成了北大主事人的宗教信仰（据闻北大新的聘任考核制要求：每次考核必须要8个境外同行评审。无非要人人明白只有写英文才能留在北大）。这种弥漫性的语言自卑症，这种深入骨髓的文化自卑主义，实际恰恰已经成为阻碍中国思想学术文化创造性发展的致命痼疾，成为"实现中国梦"的最大障碍。北大主事人

似乎不知道，中国思想学术文化的创造性发展归根结蒂
要用中文来创造，他们甚至不知道，中国文化主体性当
然首先是中文的主体性，所以异想天开要"用英文中国
学建构中国文化主体性"！更严重的是，北大主事人似
乎不知道，北京大学是什么？北京大学不是什么？他们
从来没想过，如果北大成为英文大学，北大算个什么？

我们以为，中国的大学改革走到今天，实在已有必
要认真反思，在大学国际化的今天，中国的大学，尤其
北京大学，究竟应该如何自处？国际化的重要性人人理
解，但如果把大学国际化简单等同于英文流水生产线，
甚至在人文社科领域把英文抬高到凌驾于中文之上的宰
制性地位，势必对中国大学和中国思想学术文化造成
灾难性后果。这里必须强调人文社科与理工科的根本差
异：从理工科的角度看，北京大学全盘英文化或许没有
什么关系，理工科的基本语言不是历史文化语言，而是
数理语言，英文和中文对其都不过是辅助工具而已；但
对人文社科来说，中文和英文意味着截然不同的历史文
化。因此从人文社科的立场看，北京大学如果全盘英文
化，不仅是北大的自杀，而且是中国文明的自杀！这不
是什么危言耸听：一个有悠久历史传统的文明不再用自
己的母语思考写作，那就已经不再是一个文明，就是文
明之死；一个国家的顶尖大学不用自己的语言文字表达

思想学术，那就表明这个国家没有自己独立自主的学术传统，表明这个国家不是什么文明大国。

强调母语思考写作的重要性，强调中文学术的独立自主性，丝毫不意味要妄自尊大排斥英语或任何外国语文和文化，恰恰相反，我们不仅珍惜中文作为历史文化语言的不可替代价值，同样高度重视古希腊语、拉丁语以及现代英德法语等历史文化语言的价值，我们自己三十年来的学术工作主要研究西方从古希腊罗马直到现当代英美和欧洲的思想学术，并尽我们所能把西方文明的精华转化为中文学术的资源。但我们历来强调，中国学人对西学的研究是中文学术共同体的内在部分，其目的是为了中国思想学术文化的发展。中国学界尤其人文社科的真正国际视野和文明使命，是以母语思考写作的深度海纳百川地整合中西思想资源，从而最大程度地发展中文思想学术文化，而绝不是鹦鹉学舌地发表毫无价值的所谓英文论文，更不是要拘囿于英文中国研究和汉学的小天井中。鼓吹英文发表至上，恰恰反映了北大主事人完全不理解中文学术界真正的国际视野和文明使命，对中文学术界在西方学术和中国思想两个方面的真正目标和艰苦积累都毫无所知。而实际上，今日的"英语至上主义"根本不是对英语思想学术传统的尊重和研究，只不过是公文化程式化的英文制作而已——这次对北大英文学堂最深刻最激烈的批判，恰恰首先来自北大英语系多位优秀学者，很能说明问题。

简言之，如果中国学人无论研究中国还是研究西方，都必须以英文写作英文发表，那就意味着中国将没有自己的中文思想学术文化可言，当然也就根本谈不上还有中国文化的发展，更不用说什么中国的文化软实力了。在大学国际化／全球英文化的时代，这种危险非常现实甚至已经非常迫近——各大学隐性的变相的诱逼学者专事英文生产（例如每次考核必须要8个境外同行评审，只承认英文发表才是"一流"成果，等等），客观上就是在阻碍甚至斩断中文思想学术文化的生机。

正因为如此，必须强调，中国的崛起必然意味中文权利的伸张，而非英文霸权的强化；中国文明的复兴必是汉语表达的复兴，而不是贫乏的 Yes /Ok /Wow。简言之，中国梦必然是中文之梦，不是英文之梦！不管理工科背景的大学校长们能否理解这一点，如果他们真的认同中国梦，他们就必须警惕并自觉抵制中国大学的全盘英文化。如果他们真的希望中国文明复兴，他们就应该看到，在中国的大学中贬低中文的学术地位，否认中文学术的正当性，无异于中国大学的"去中文"化乃至"去中国化"——"去中文"正是最彻底意义上的"去中国化"。如果北京大学带头走向"全盘英文化"和"全盘去中文"，中国其他大学也纷纷仿效，那就意味中国大学在走向"全盘去中国化"——这种"去中国化"远远比台独港独的"去中国化"更为致命更具颠覆性，因为这等于中国文明的彻底自我颠覆自我殖民化，还谈什么中国文明的复兴。因此，北大的全盘英文化改革方向，绝非什么要不要"国际化"的问题，而首先是要"中国化"还是"去中国化"的生死之争。

我们只能希望，北大主事人只是"国际化"情急，应该还不至于糊涂到主张："复兴中国梦"必须用英文，"构建中国文化主体性"必须"去中文"。我们只能希望他们能理解一个常识道理：一个文明的根基和灵魂乃在其语言文字，中文就是中国文化的命脉。中国文明的主体性首在"中文的主体性"，离开了中文，还有什么中国文明？还有什么中国主体性？还能"构建"什么"中国文化主体性"？"中国的中国学"或"北大的中国学"当然必须用中文，这难道还需要论证吗？北京大学作为中国文教的庙堂所在，不言而喻必须是"中文北大"，如果北大放弃中文而变成"英文北大"，北京大学还是北京大学吗？

北大之所以为北大，在于她是一个象征，从京师大学堂起，她就代表中国文教传统的精神传承，代表中国文明依托现代大学机制自我复兴的努力，北大命定以中文讲授和中文著述的方式担当中国文明的继往开来！北大不是也永远不应是西方英文大学的"附庸藩属"。北大对中国文明的担当，首先就是对中文的担当！北大的傲气，首先来自中文的自傲，北大的灵性，植根于中国语言文字的灵性。在北京大学，中文的地位必须高于英文！如果没有了中文，北大在精神上还有什么可自傲的？如果没有了中文，北大还会有什么灵性？在北大，如果把英文抬高到凌驾于中文之上的宰制性地位，那就是对北大文明属性的自我背叛！如果推动北大走向全盘英文化，试图把北大转换成英文大学，那就是在根本上阉割中国文明！

"燕京项目"应该废弃

北大办燕京学堂从头就是一个错误。众所周知，这个项目是被隔壁的苏世民项目逼出来的，而且让我们这些校友郁闷的是，北大颇不光彩地亦步亦趋模仿邻居：人家是一年学制，北大也一年学制，人家六个领域，北大也六个领域。北大主事人对这个项目明显缺乏任何深思熟虑，更没有起码的科学论证（例如"中国的英文中国学"到底是什么？）。这个项目真的不应该为了校方的面子再勉强上马，而应从北大的根本利益出发彻底废弃。

我们必须问：北大要办燕京英文学堂的最根本理由到底是什么？在受到校内外的普遍质疑以后，北大主事人在各种场合反复讲同一个故事，作为北大办英文学堂的最大理由："去年秋天哈佛大学校长在新生入学时的讲话，我们听后特别有感触，她说，欢迎同学们，你们来自全世界 110 个国家，哈佛这一届有多少个学生呢？1600 多人，却有着如此丰富多元的国际和地域背景，我们什么时候能赶上人家，这个雄心要有。"这话听上去充满雄心壮志，充满担当，北大赶上哈佛，多么有志气！但这个故事到底要说明什么呢？

如果这是希望北大生源应尽可能具有丰富多元的国际和地域背景，我们非常赞成。让我们一起想象这样的北大愿景：2020 年或 2030 年，北大招生 3000 人来自 200 个国家，至少一半学生母语不是中文。我们非常乐见这一愿景。唯一的问题是：那时的北大，全校法定语言应该是什么？是中文，还是英文？我们认为，北大主事人有必要对北大人，对全体中国人诚实地回答这个问题：在他们心目中，作为愿景的未来北大的法定语言应该是什么？中文，还是英文？或者说，在北大主事人心目中，未来的中国学生应该说什么语言？中文，还是英文？

同样，北大主事人说："我们实现中国梦，如果没有一两个和人家平起平坐的大学，那么这个中国梦就不圆满。"这话我们非常赞成。但是，我们同样希望北大主事人能够诚实地回答一个问题：中国大学要"和人家平起平坐"，是否意味中国的大学必须转为英文大学？中国的中文的大学是否就不可能也不应该"和人家平起平坐"？

我们非常希望北大主事人能够开诚布公地说出他们内心深处的想法。如果对上面两个问题的答案是：未来北大的法定语言应该是英文，因为只有一个英文大学才能"和人家平起平坐"，那么，北大开办英文学堂是有理由的，是为今后北大全面英文化作准备。

但是，如果北大主事人的回答和我们一样是：北大的法定语言当然永远是中文，北大的目标就是要以一个中文大学的身份"和人家平起平坐"，那么，我们必须说，作为北大愿景象征第一步的所谓燕京学堂，其语言当然应该是中文，怎么可以是英文呢？谨始以正开端，既然这个学堂是为以后北大学生国际化多元化作准备，既然未来不管北大学生多么国际化多元化，中文都是所有北大学生的法定语言，那作为北大国际化第一步的新学堂竟然用英文不用中文，岂非莫名其妙？这个学堂到底为什么目的而办？

大家当然都知道，哈佛学生虽来自110个国家操数十种语言，但他们全被哈佛要求必须听说读写美国人的母语，这正是哈佛对美国的担当！如果哈佛有一天放弃了英语而要求所有哈佛学生都必须听说读写中文，那就意味着哈佛背叛了美国，投靠了中国！北大主事人从哈佛到底学到了什么？应该学到什么？难道北大主事人的意思是想说，因为哈佛说英语，所以北大也应该说英语？哈佛是要对美国有担当，那么北大呢？北大应该对美国有担当？还是对中国有担当？

我们不免担心，在北大主事人的心目中或至少下意识中，是否多少认为只有英文的大学才能"和人家平起平坐"，因此觉得北大未来的法定语言也应该改为英文，所以，北大进入 21 世纪的最重大战略发展举措，就是应该先办燕京英文学堂作为先导。但，这是一个北大校长应有的理念和抱负吗？如果这样，中国的北京大学还有什么希望？我们只能希望我们的担心是多余的，我们只能希望，北大主事人与我们一样坚决主张，北大校长的担当自然是"中文北大"的担当！也和我们一样坚决主张：任何人如果没有"中文北大"的担当，反而怀抱"英文北大"的担当，那就没有资格担任北大校长。我们希望，北大主事人与我们一样坚信：北大对中国的担当，北大对自身的担当，就是要以一个中国人的中文大学身份"和人家平起平坐"！北大的法定语言当然永远是中文，不管今后北大国际化的程度多高，所有进入北大的学生，不管来自哪个国家说什么语言，都必须听说读写北大人的母语，中国人的母语——中文！

但如果这样，北大还有任何理由要办一个英文燕京学堂吗？

"中国学"还需要依赖西方进口吗？

事实上，现在已经可以预料，在校内外一片反对声中，北大的"租界学堂计划"必将被迫步步后退，最后名存实亡。后退的第一步是"租界"被迫退出静园。百分之九十北大学生强烈反对占领静园，这对校方是巨大压力，众怒难犯，退出静园乃必然之事；后退的第二步是被迫降低"租界学生"豪华奖学金，以免教育极端不公平之抨击；后退的第三步是很可能不得不延长"租界学堂"学制，这关乎北大学术尊严。后退的第四步是，北大校方将被迫对北大教授们承认，这个一年制硕士项目并不是任何意义上的学术计划，更不是重大学术发展计划，本来，一个一年制硕士项目怎么可能承担学术之重？后退的第五步是，北大主事人今后再不能说，这个非学术硕士项目是"北大进入新世纪以来最重大的战略举措"，毕竟这本来就荒谬。

名不正则言不顺，言不顺则事不成。在这五步后退之后，所谓"燕京计划"实际已经名存实亡，更多成了北大主事人的"鸡肋"。为了面子，迁到勺园等处勉强开办也只能是北大非学术的"继续教育项目"之一而已。

但既然如此，我们必须郑重指出，北大原来宣布的要以哈佛教授薪酬标准全球招聘20到40个所谓"中国的英文中国学家"，是绝对不可以，绝对不允许的——为一个非学术一年制硕士项目特聘几十个最高薪酬教授，不仅是巨大的资源浪费，而且是对学术的极大嘲弄，是对北大现有教授们的公然糟践。

　　更根本的问题还在于，在所谓"中国学"领域，中国还需要依赖西方进口吗？在"中国学"领域，难道我们没有充分理由要求，全球所有从事中国研究的人都必须首先中文过关，能够用中文与中国学者交流，否则他们有什么资格做"中国学家"？北大不坚持中文作为中国研究的基本要求，反而搞什么"英文中国学"，这不是自我糟蹋自我作践吗？全球招聘"中国学家"要求英文而不是中文作为基本资格，岂不是最野蛮地践踏基本学术规范和准则吗？如果不是被"英文崇拜"鬼迷了心窍，怎么可能有中国研究也必须用英文发表才算"一流"的荒谬潜规则？怎么可能有必须先到西方去招聘"中国学家"的预设？怎么可能有"西方的中国学家"一定比中国学者高明所以要高薪聘请的道理？中国学家难道不应该首先在中国招聘？以我们的了解，北大和其他985大学近年培养的中国文史方面的博士很多都非常出色，尤其在功底扎实方面远超西方大学培养的同类博士，为什么不优先考虑中国自己千辛万苦培养出来的优秀人才？所有这些如果不是因为"英文霸权"，有什么理由？

与理工科不同，在所谓"中国学"领域，中国与西方只有差异，不存在差距，根本不存在中国学界需要赶超"世界一流"这回事！在中国研究方面，西方学者与中国学者平等交流早已非常频繁，北大的做法恰恰以薪酬不平等方式强行把学术平等关系变成学术不平等关系，毫无根据地想象西方学界一定高于中国学界，这根本是对今日学术大势极端无知的表现。事实上，在中国研究领域，除了特殊情况，北大和985大学今天已经没有什么必要聘请西方中国研究和汉学领域的学人，在这方面，西方学界并没有任何优势可言，除非你认为英文就是优势。在中国研究方面，辛德勇教授现在广为人知的名言（"哈佛有一个教授算一个，我们都可以和他们平起平坐"）并非口出狂言，而是许多有学问有见识的中国学者的普遍共识。老实说，在中国研究领域，西方学界除了少数确实优秀的学者以外，多数学者的特点也就是英文娴熟，很多不过是转述或转译中国学问的常识而已。而众所周知，在对现当代中国的研究方面西方学者更是充满文化政治各种意识形态偏见。至于那些满篇套用各种新潮理论术语的西方论文和著作，通常恰恰是最差的而且很多不过是垃圾，新术语新理论更多是用来掩饰学术训练不足，功底薄弱和思想空洞的门面而已。只有那些自己没有学问的人才会对这些垃圾顶礼膜拜。

中国大学要"结束留学运动"达到世界一流大学，第一个应该而且已经可以结束留学的领域，第一个不需要再从西方进口的领域，自然就是"中国学"了。北大如果在"中国学"方面都没有自信可以不再依赖西方进口，反而不假思索地以为在这个领域仍然需要年年进口，永远进口，那么，试问，北大还有什么希望可以成为世界一流大学？以自己永远不如人家的心态去追求一流大学，一万年以后也仍然只可能是三流大学。最近网上广为流传的一则帖子是："当某些学生放弃港大选择北大的时候，某些北大领导正致力于把北大变成港大"。这真是一语道破天机。我们之所以不得不写这篇文章，也是因为我们担心，北大主事人的北大改造目标，不是要把北大办成中国的北大，甚至也不是把北大办成中国的哈佛，而是将把北大变成"北港大"或三流英文分校！

"中国学者"时代

2003年北大改革时我们曾发表"华人大学理念九十年"。十年过去，2014年正好是胡适发表"非留学篇"一百年，我们十年前提出的问题不但依然有效，甚至更加迫切了。让我们以十年前的期盼继续呼唤"中国学者时代"的来临：

> 伟大的大学必有其精神，但这种精神并非凭空而生，而必然植根于一个政治文化共同体强烈要求自主独立的精神之中。中国现代大学的精神起源毫无疑问地植根于九十年前胡适那一代留学生刻骨铭心的感受："以数千年之古国，东亚文明之领袖，曾几何时，乃一变而北面受学，称弟子国，天下之大耻，孰有过于此者乎！留学者我国之大耻也！"中国现代大学的真精神和真生命乃全在于对这一大耻的自我意识中。这是对一个伟大文明能够独立自主并获精神重生的正大光明的自我期许。认同这种独立自主性和精神文化自我期许的人，必立足于伟大的中国语言文字，必期待未来将是"中国学者"的时代。优秀的年轻代"中国学者"当有这样的自信：我们依赖的日子，我们向外国学习的漫长学徒期，就要结束。

2014 年 7 月 23 日大暑

大学改革的合法性与合理性 *

中国的大学改革迄今为止主要是以笼统的"改革意识形态"为其正当性基础，但却常常缺乏充分的国家法律和法令根据。在中国的改革日益走向法制化的今天，大学的改革同样需要法制化。

本文以为中国当前很有必要借鉴英国等国家为大学改革先行立法的做法，尽快由人大常委会制定颁布"大学改革法"，以便一方面为大学的改革提供必要的法律根据，同时也约束中国所有大学的一切改革都必须符合宪法以及国家其他相关法律法令（例如"劳动法"和"教师法"等），从而避免大学的改革成为任何大学当局随心所欲之事。

无论中国的大学领导们还是中国的大学教师们，理应是最具有法制观念和法律知识的中国公民，如果连大学的改革都毫无法制观念甚至缺乏基本的法律常识，那

---

* 原载《21世纪经济报道》2003年6月5日。

么中国还有什么希望能够建成一个法制国家？

英国教育改革法案的启示

让我们且以英国议会 1988 年通过的"教育改革法案"（Education Reform Act 1988）为例来说明大学改革需要由国家先行立法的必要性。应该首先说明，英国 20 世纪 80 年代末通过的这个"教育改革法案"由于对英国大学体制冲击极大，因此在很多人看来并不是一个"良法"，尤其在英国的大学教师和知识分子眼里，这个由保守党政府推动的法案是一个对大学破坏性很大的"恶法"。但我们的目的恰恰是要以此说明，即使这个"恶法"，也比我国目前大学改革几乎毫无法律根据可循要好。

简要而言，英国这个"教育改革法案"的中心意图实际就是要为英国大学当局放手解聘大学教师提供法律根据，因此在英国历史上第一次以立法形式授权英国每一家大学当局都有权"以人员多余为理由解聘任何一位大学教师"（to dismiss any member of the academic staff by reason of redundancy），从而严重动摇了英国大学体制长期实行的"大学教师终身聘用制"（academic tenure，英国这个体制不像美国需要晋升到教授才能得到 tenure 即所谓终身聘任，而是普通教师就有 tenure，只有严重渎职或道德败坏才能解聘）。但正因为这个法案对大学体制冲击太大，因此这个法案同时规定，凡 1987 年 11 月 20 日以前被聘任的大学教师不受此法案影响，亦即任何大学不得以这个 1988 年的新法案为根据而解聘在此以前聘任的任何教师，只有 1987 年 11 月 20 日开始和以后聘任的大学教师可以沿用此法案解聘。

我们在这里不难看出，不管这个法案对英国大学体制的结果是好是坏，但这个法案至少为英国的大学改革提供了两个基本的法律依据，亦即第一，它为英国大学"以后"解聘大学教师提供了法律根据，因此大学当局以后解聘教师至少是有法可循的；但第二，它同时至少为 1987 年 11 月 20 日以前受聘的所有英国大学教师提供了法律保护，使他们可以免于解聘之忧。

北大"改革方案"的不合法与不合理

以此为对照来反观我国目前的大学改革就可以立即看出，由于我国没有相应的国家立法，我国大学目前的改革在处理与英国非常类似的问题时由于无法可依而毫无章法可言，有些大学自行规定或准备颁布的条例因此也就必然地充满"任意性"。

例如最近北京大学向北大教师公布的《北京大学教

师聘任和职务晋升制度改革方案（征求意见稿）》，虽然是"征求意见稿"，但已经足以在北大很多教师中引起很大的恐慌和强烈的不满，因为许多人发现自己一夜之间突然从历来认为是"长期聘用至退休"变成了不再属于"长期聘用"的教师。按照北大这个"改革方案"，北大现有教师按其职务分为助教、讲师、副教授和教授四级，但只有"教授享有直至学校规定的退休年龄的长期职务，其他职级的教师不享有长期职务"（北大"改革方案"第11条），亦即包括副教授在内的所有教师不能晋升到教授就会解聘。

我们必须指出，北大"改革方案"这一条的根据是完全不清楚的，例如是根据国家法律，还是国际惯例？它似乎想当然地认为，所有西方大学体制都实行这种"聘用期与职务晋升挂钩"的制度，只有晋升到教授才长期聘用，而副教授以下不是长期聘用。

但这个假想当然是完全不成立的，我们前面已经提到，英国大学体制的终身聘用制就不是如此。在英国体制下，一个讲师或高级讲师未能晋升并不影响其终身聘用，亦即终身聘用是一回事，晋升是另一回事，并不像北大"改革方案"那样讲师不能晋升为副教授要解聘，副教授不能晋升为教授也要解聘。而且北大这一"不能晋升将解聘"的规定，并非只是适用于"今后"聘任的教师，而是同样适用于北大历年来已经聘任的所有教师（北大"方案"第 23 条、24 条）。这种规定实在有点骇人听闻，我们不能不说，这些规定一方面由于没有任何法律根据因而是根本"不合法的"，另一方面这些规定与西方同类情况的处理方法相比较则是极端"不合理的"。例如以上述英国的情况作对照，则我们有理由认为，不管北大如何制定"今后"招聘解聘教师的条例，这些条例不应该适用于北大过去和现在已经被聘任的教师。

制定"大学改革法"的必要性

从北大的"改革方案"看，中国的大学改革实际已经到了必须由全国人大常委会制定"大学改革法"的时候。因为大学改革现在涉及的许多问题并不是大学本身可以解决的，也不应该由大学当局来任意处理，而是必须由国家的法律来规定。

例如北大的"改革方案"似乎没有意识到"长期聘任"与"职务晋升"是两个完全不同的范畴，并不是可以任意就挂钩的。就像在国家机关断没有一个副科长不能晋升为科长就要马上失业的道理。就大学而言，学术职务的晋升问题诚然是大学自己决定的事，例如什么人什么情况下可以晋升副教授或教授是大学内部的事，但在大学中工作的一个中国公民在什么情况下可以解聘，则是与国家基本制度和基本法律有关的事，只有在国家相关法律下，大学才可以作相应规定。

这正是为什么英国的大学改革必须先有英国议会颁布"教育改革法案"的根本原因，因为在此之前英国大学教师在英国福利国家体制下基本上都是聘用开始即有tenure即终身聘用保障，如果没有英国议会通过的这个新的法律授权，那么英国任何大学当局如果"以人员多余为理由解聘任何一位大学教师"就是犯法的行为，到法庭上去败诉的一定是校方。只有在英国"教育改革法案"生效后，英国大学当局才能"以人员多余为理由解聘任何一位大学教师"，但是仍然不能解聘法定的1987年11月20日前已经聘用的教师。

英国尚且如此，中国就更有必要由国家立法来规范大学改革。因为中国现在的大学除个别以外都是国立大学，这些国立大学以往数十年来聘用的大学教师，除了在聘用时就说明是临时工的以外，按规定都是"国家公职人员"，严格说来是"国家"作为雇主"长期聘用"的。无论北京大学或中国任何国立大学，在没有国家新的法律规定以前，可以说没有任何法定权力可以改变这些"国家公职人员"的长期聘用身份。大学当然可以在任何时候任意制定学校的"教师晋升法"，但如果这些晋升法与

"教师长期聘用"问题结合起来,那就不是大学可以随心所欲,而是必须要有国家的法律为根据。

没有法律根据,所谓"不能晋升教授就将解聘"这样的规定就只能是"不合法的",完全无效的。但当然我们可以永远不管什么法律不法律就这么糊里糊涂过去,大学爱怎么改就怎么改,但如果这样当然也就永远不会有什么法制可言。

国立大学教师的权利与尊严

进一步说,即使北京大学或其他国立大学现在正在制定的新的大学教师聘用和解聘方法仅仅适用于"今后"聘用的教师,也仍然需要有国家法律法令为根据。因此,如果不制定"大学改革法"或类似法律,中国的大学改革将始终处于无法可依的状态。

我认为由人大常委会制定"大学改革法"将有助于中国大学改革的法制化,而且将有利于大学改革的顺利进行。中国的"大学改革法"大略而言应该有两个基本目标。第一,"大学改革法"首先需要保护我国大学教师的基本权利和尊严,以免大学当局在大学改革的过程中以改革为名任意侵犯大学教师的基本权益或伤害大学教师的人格尊严。

在这方面，中国的"大学改革法"同样有必要明文规定，在某年某月某日以前被我国国立大学聘用的所有大学教师为法定长期聘用，直至退休，不论今后晋升与否不得解聘（除非发现严重渎职或道德败坏）。这种规定是完全可以辩护而无论如何也不过分的。这里可以指出，前面所引的英国 1988 年"教育改革法案"是英国撒切尔时代最极端"经济放任主义"时期的立法，即使这样的立法都仍然知道不能侵犯在英国福利国家时期已经被长期聘用的大学教师权利。

近年我国大学改革的趋势实际非常明显，如果没有国家明文立法，那么全国所有国立大学历年早已聘用的无数大学教师很可能成为大学改革的受害者和牺牲者，而大学当局的时间精力也将大半消耗在如何想方设法裁减现有教师队伍上。

但如果人大通过立法程序而明文规定，在某年某月某日以前被国立大学聘用的所有大学教师原则上不得解聘，那么无数大学教师将可以免除解聘之忧，而大学当局也可以不必劳神设计各种不得人心的方案。这种情况实际对大学改革是更有利的，比较容易形成大学当局和大学教师们同心同德的大学氛围，而不是造成离心离德怨声载道的局面。毕竟，大学之为大学在于它是一种精神文化共同体，而不是单纯的市场买卖交易所。

大学改革的合法性与合理性

大学改革一要合法二要合理

第二，"大学改革法"以立法的形式授权我国各大学当局有法定权力制定新的大学教师聘任和解聘条例，包括有权建立某种方式的长期聘任与职务晋升挂钩的规定（但只适用于"今后"新聘任的大学教师）。换言之，"大学改革法"可以为大学改革提供法律根据，并负责解释与其他相关法律法令之关系。

但与此同时，"大学改革法"有必要制定若干原则性指引，要求大学在制定新的教师聘任和职务晋升条例时要有合理性论证，而不是完全任意制定。

这个问题有必要在这里略作讨论，因为如果今后中国大学普遍采取教师的终身聘任问题与学术职务晋升挂钩的话，究竟如何挂钩才比较合理绝不是自明的，并不能想当然地决定，而必须有充分的论证。

最近北大的这个"改革方案"的一个缺点是，作为"征求意见稿"，这个方案没有附任何论证性说明，因此常常并不清楚它某些规定的理据是什么。我们现在因此不妨简略比较一下英国大学体制、美国大学体制，与北大的这个"改革体制"。我个人的基本看法是，无论英国体制还是美国体制都要合理得多而且有其道理，而北大"改革体制"却显得相当任意而缺乏内在的理路。

我们首先有必要了解为什么西方大学要建立"终身聘任"这种制度。如笔者多年前在"美国大学教授的铁饭碗"一文就曾指出的，西方历来有人反对并试图取消这个制度，因为这制度显然不符合所谓市场规律（参拙著《将错就错》，北京三联书店，2002年版，第147—149页），而前引英国1988年"教育改革方案"实际也正是在当时英国"市场放任主义"意识形态下对英国大学"终身聘任制"的一次手术，但美国大学的终身聘任制虽然也反对者多多却基本仍未动摇。

中国现在如果要建立大学的"终身聘任"机制，就需要了解这个制度的辩护根据是什么，如果我们不知道这个"为什么"，那么我们实际也就不知道为什么我们现在要建立这个制度，更不知道应该根据什么原则来设计或选择不同的"终身聘任"制度。假如某大学说"为了健全市场竞争机制，特在本校引进终身聘任制"，那就是不知所谓，因为如果市场竞争机制是原则，那就根本不应该建立任何终身聘任制度，应该完全放开，例如大家永远都是三年合同制，每三年评一次，不论资历谁的论文多就谁当教授，过三年不行了就解聘，岂不是简单得多？何苦还要如此煞费苦心地设计什么终身聘任制。

终身聘任制与学术自由

我们因此需要了解大学终身聘任这种制度在美国和英国的起源及其不同历史演变，而不是只抓住其枝节末梢的表象。事实上大学建立"终身聘任制"的主要辩护理由是"保障学术自由"（北大这个"教师聘任与晋升改革方案"从头到尾没有提及"保障学术自由"的问题），这也确实是这个制度最初在美国产生的原因。因为从19世纪末到20世纪初，美国的大学校董们常常任意解聘他们认为思想异端的大学教师，当时许多著名学者如美国经济学会创始人埃里（Ely），制度经济学代表康芒思（Commons）等都曾因为其思想言论而被大学当局所解聘甚至被校董会所起诉。正是这种因思想学术倾向而遭校董会解聘的诸多事件，促使教师们联合起来为思想学术自由建立终身聘任这种制度性的保障，在美国的最初推动团体是1915年成立的"全美大学教授联合会"（American Association of University Professors），在英国则是1919年成立的"大学教师联合会"（The Association of University Teachers）。因此我们首先要强调，所谓"终身聘任制"在美国和英国都不是大学当局的恩赐，而是大学教师们从20世纪初开始为寻求自我保护而努力的漫长过程与结果，而且其最初之缘起主要不在经济和生活保障，而在"学术自由"的保障，尤其在人文社会科学领域，这种"学术自由"的保障要求最为迫切。

英国终身聘任制的启示

我认为，如果我们今天要在中国的大学建立终身聘任制，那么同样应当以保障学术自由为主要原则，并以这个原则去设计和选择那些比较有利于保障大学教师学术自由的终身聘任制。

从这一原则出发，大学中教师享受终身聘任的比例应该比较高，而不是比较低。这里因此必须澄清一个相当普遍的误解，即以为要坚持学术高标准，就应该把终身聘任制设计得很难，只有少数人享受。这是一个完全错误的想当然。因为终身聘任并非一定要划到最高那一级学术职称。大学完全可以把最高一级学术职称的学术标准定得特别高，很少人才能评上，但同时却把终身聘任档放到比较低的职称。这正是英国大学体制的特点和优点。

我们知道英国学术水准相当高，尤其英国的"教授"不同于美国的教授，因为英国大学体制通常一个系只有一个教授，因此英国评教授的标准远远高于美国，但也因为如此，如果英国体制把终身聘任制的标准定在教授这一级，那就绝大多数大学教师都无法得到终身聘任了。我们不妨以英国 1994—1995 学年的官方统计数字为例，看一下英国大学中各类职务的比例：教授占 7%，两类高级讲师（readers and senior lectures）占 18%，讲师占 42%，其他研究人员占 26%。

很明显，英国这个体制其终身聘任档至少要划到高级讲师。而实际上，由于英国"大学教师联合会"从 20 世纪 20 年代开始就致力于把终身聘任制达到所有低职称教师，从 20 世纪 50 年代开始英国大学基本上从起聘讲师开始就都有终身聘任。因此英国大学终身聘任制的特点就是终身聘用与晋级无关，因为基本上大学教师都是终身聘任。这种体制在 1988 年"教育改革法案"后开始变化，即英国大学开始越来越多地采用了三年或五年的"合同制"聘任，亦即英国所谓"大学教师的临时工化"（casualization of academic staff）。不过这种三年或五年的合同工又分两种，一类是不转终身制的，另一类则是可以转终身制。仍以 1994—1995 学年的官方数字看，全英国 11 万多名大学教师中的比例是：终身制的 60%，合同制的 39%，另外 1% 为零工。

北大"改革方案"的终身聘任制

我们现在可以注意，北大的"改革方案"在聘任制度上恰恰采取了英国 20 世纪 90 年代开始的这种"大学教师的临时工化"。如"方案"第 18 条所表明，北大今后聘用教师将采取三年合同制，讲师聘用最多两个合同即 6 年，期间升不到副教授将解聘；然后理工科副教授聘用最多三个合同即 9 年，文科副教授聘用最多四个合同即 12 年，期间如升不到教授将解聘。

北大既然在起点上采取了英国改革后体制的三年合同制，而且设计了那么复杂的晋升制（例如副教授每个合同是三年，但要五年后才能申请教授），那么比较合理的方式应该是将"长期聘用"即西方所谓 tenure 定在副教授这一级（相当于英国制的 senior lecturer 或 reader），或放在副教授取得第二个合同，或者至少也放在副教授的第三个合同（北大"方案"设计如此复杂，不妨在副教授的第二个合同或第三个合同或第四个合同后称"高级副教授"）。但北大"改革方案"却将"长期聘用"的档定在了教授这一级。

我们前面已经以英国体制论证，没有必要非把"终身聘用"档放在最后最高职称这一档，我们完全赞成北大对晋升教授严格把关，越严越好，但这并不意味一定要把终身聘用档也放到最后档。以北大如此复杂的连续合同制，把这个终身聘用档放在副教授的第二或第三个合同是比较合理的，为什么北大"改革方案"不把"终身聘用"定在副教授这一级，而非要定在教授这一级呢？北大的"改革方案"没有给予任何论证说明，但可以想见北大的回答一定是，美国是那样的。可是问题恰恰在于，北大"改革方案"与美国大学体制根本就不是一回事。

美国体制与北大方案的比较

我们现在因此有必要来看一下美国体制与北大"改革体制"的不同。美国的所谓"终身教授"（tenured Professor）是以所谓"终身轨初聘"（tenure tract）为晋升方式的。这个晋升方式的最大特点就是它的简明，一个刚毕业的博士只要找到的工作是所谓"终身轨工作"（tenure tract position），通常的理解是只要你努力工作，那么大概七年左右可以成为所谓"终身教授"，其中第三或第四年有一个中期评审，然后就是最后第七年左右评终身教授。亦即从助教授（相当北大现在的讲师）到教授这整个过程一共两次评审，七年左右。

与此相比，北大"改革体制"晋升最快的也要评审三次，即讲师申请升副教授一次，如果顺利晋升，则这个副教授的合同也是三年，但要五年后才能申请升教授，因此他第三年要申请第二个合同，然后第五年申请教授。但如果申请教授失败，则他马上要在第六年申请第三个合同，如果申请到这第三个合同，则他要马上再第二次申请当教授。这整个过程已经够复杂。

而且，由于北大"方案"规定讲师可以有两次机会申请副教授，我们几乎可以肯定以后的大多数人多半是在第二次申请副教授时才会通过（如果预测大多数人都是第一次申请就可以通过，那么现在"方案"规定可以申请两次就是多余的）；同时，北大"方案"副教授评教授也是两次机会，我们同样可以想象至少一半副教授要在第二次才能评上。由此，如果一个讲师是第二次申请副教授才通过，如果他从副教授申请教授也是第二次才通过，中间再申请五个或六个合同，那么他最后当上教授时要经过多少次评审我们已经算不过来，总之是很多很多次。

北大方案缺乏内在理据

说实话，我很不明白北大的"改革体制"为什么要搞得如此复杂？尤其是，既然首先已经将终身聘任锁在了教授这一级，那么为什么不在初聘开始就采用合理得多而且简明得多的美国"终身轨初聘"方式？美国方式显然要优越得多，北大为什么不参考，却偏偏要设计如此繁复而没有吸引力的连续多次三年合同制？北大"方案"对此没有任何说明。

同时，这两种方法的成本差别明显很大：在为评审而必须支出的行政时间和行政费用上，北大"改革体制"的支出显然要大得多，但北大"方案"也没有对此作任何说明。时间支出和金钱支出多如果效果好当然值得，但如果效果不好甚至还更不好，那么所为何来？

反过来，北大"方案"如果必须以如此复杂的连续多次三年合同制来晋升，那么它的"终身聘任"档不应该放在最后的教授这一档，而应该放在中间的副教授，北大却偏偏放在教授这一档。尤其北大"方案"第5条表明，讲师申请副教授将淘汰三分之一，副教授申请教授淘汰四分之一，如此，则从讲师开始可以升到教授的比例是一半。如果这样，那就更有必要将"终身聘任"放在副教授这一级，北大"改革方案"却对此毫无考虑。事实上，北大"方案"对于所谓终身聘任制的理解是有问题的，亦即把它当成了一种单纯的市场筛选机制，而没有看成是保障大学教师学术自由以及生计稳定的机制。

北大不宜学香港科大

总的来看，北大目前的这个"改革方案"既没有认真参考简明合理的美国体制，也没有参考通情达理的英国体制（终身聘任不放在教授档），而似乎主要是参考香港近年来的一些尝试；而在香港的大学体制中，北大的"改革方案"似乎也主要不是参考香港大学和香港中文大学这些老牌大学，而可能主要是参考新锐的香港科技大学。

但问题是，香港科技大学的模式可能恰恰是最不适合北京大学的，因为香港科技大学的独特条件，是北京大学完全不具有的。首先，香港科技大学是没有历史的全新大学（1991年10月开始招生），这样全新的大学不存在"以前聘用的老教师们怎么办"的问题；其次，香港科技大学开办时财力极其雄厚（当时香港立法会批准的预算是35亿港币）；最后，香港科技大学主要是"科技"大学，它的人文社会科学部没有本科生，亦即全校没有文科本科生。

这与北京大学这样以文科著名而又历史悠久的老大学是完全不同的。北大如果要参考香港体制，也应该更多参考历史较老的大学如香港大学和香港中文大学等。

结语

由于北大在中国的历史地位，北大的这个"改革方案"无疑将会对整个中国的大学改革产生影响。但我认为这个目前还是"征求意见稿"的方案，基本是不成熟的。总的可以说是两个问题，一是"合法性"问题，即在人大制定"大学改革法"之前，任何大学无权改变目前国立大学教师的长期聘任；其次则是方案本身的"合理性"问题，特别是如果普遍采取教师的终身聘任问题与学术职务晋升挂钩的话，究竟如何挂钩才比较合理，仍需要深入而充分的论证，不能想当然地决定。

华人大学理念与北大改革[*]

香港中文大学校长金耀基教授在 2000 年的新版《大学之理念》中曾提出："华人的高等教育在国际化的同时，在担负现代大学的普遍的功能之外，如何使它在传承和发展华族文化上扮演一个角色，乃至于对建构华族的现代文明秩序有所贡献，实在是对今日从事华人高等教育者的智慧和想象力的重大挑战。"

我在 2000 年底收到金耀基先生寄赠新书时，曾即刻发表了两篇评论，分别题为"华人大学的理念"以及"华人大学与通识教育"（收入拙著《将错就错》）。在这两篇评论文章中我认为，金著《大学之理念》旧版与新版相隔 17 年，其间有一个意味深长的变化，即旧版《大学之理念》主要讨论的是"西方大学的理念"，而在新版中作者已经开始思考"华人大学的理念"。但我在评论结尾中亦指出："就今日华人社会例如内地、香港、台湾的所有大

---

*　原载《21 世纪经济报道》2003 年 7 月 3 日。

学而言，根本的问题乃是华人的大学基本尚谈不上有文化自信和文化自觉，亦即远未确立华人大学的理念。"

华人大学：独立自主还是附庸藩属？

今天讨论北京大学等国内大学的改革问题，不能不重新提出这一"华人大学的理念"问题，因为这一问题直接关系到中国大学改革的方向和目标。在这方面，香港高等教育界在2000年前后对香港高等教育的检讨和反省，是值得国内高等教育界人士深思的。因为这些检讨和反省虽然主要针对香港高等教育的弊端，但却对华人社会的所有大学有普遍的意义。我个人印象深刻而一直存留的一篇文章是香港科技大学人文社会科学院院长丁邦新教授的"香港高等教育何去何从"（香港《明报》2000年2月14日"世纪版"），而丁教授的文章又是呼应原香港中文大学哲学系主任刘述先教授一篇文章，题为"香港高等教育的歧途"。这两位先生在一致指出香港高等教育的歧途时，又都同时引用了原香港中文大学教育学院院长杜祖贻教授的一个看法，来概括香港高等教育也是所有华人大学面临的最大危险，这就是杜教授所言，在一个西方为主的全球化世界中，华人大学如果"放弃了学术的独立自主，便成为人家的附庸藩属"！

　　如果综合这四位香港高等教育者的看法，则我认为"华人大学的理念"之核心问题实际已经非常清楚，这就是，华人大学的根本使命在于必须一方面学习西方大学的优良制度和成果，但另一方面，这种学习的目的是要加强中国人在思想、学术、文化、教育的独立自主，而绝不是要使华人大学成为西方大学的"附庸藩属"。我们现在担心的问题恰恰是，最近北京大学等的改革方向，是否会导致失去中国大学在思想学术和教育科研方面的独立自主，是否会反而主动自觉地把北京大学等变成西方大学的"附庸藩属"？

　　我略觉遗憾的是，最近丁邦新教授在介入关于北大改革方案的讨论时（见《21世纪经济报道》2003年6月19日），却没有能阐述发挥他在"香港高等教育何去何从"一文的精辟见解，从而没有提醒国内大学改革可能面临的最大陷阱即失去中国大学的学术独立自主而变成西方的"附庸藩属"。我不大相信丁邦新教授现在会放弃他三年前在"香港高等教育何去何从"的基本看法和立场，因此只能认为这或许是因为丁先生还没有意识到，他提出的"香港高等教育何去何从"的问题，现在不折不扣地正在同样成为"中国高等教育何去何从"的问题。而更令人啼笑皆非的是，丁先生在"香港高等教育何去何从"中所提出的妨碍中国学术发展的根本弊端，似乎现在恰恰是有些中国大学当局认为最需要模仿的先进经验！正因为如此，我觉得下面有必要大段引用丁邦新教授讨论香港高等教育问题的原话，以说明不可把弊端当经验。

中文为主还是英文为主

丁邦新教授的"香港高等教育何去何从"一文的所谓"何去何从"，就是指香港高等教育是要走"独立自主"的学术之路，还是永远作西方的"附庸藩属"。而在他看来，香港高等教育的体制性问题如果不改革，那就很难走上学术自主的道路。他非常准确地抓住了华人大学要坚持学术独立自主必须解决的最关键的体制性问题，即第一，"建立以中文期刊为主的评鉴标准"；第二，要明确"写人文社会科学的论文用中文是天经地义的事"；第三，在"学术成果评鉴"方面，不能想当然地认为"远来的和尚会念经"，动辄就请外国专家来评鉴，因为"香港的学术水平应该由自己来判断"。

下面让我直接引用丁邦新教授的原话，因为这些话几乎每一句我都从心底里赞成，而且我不可能比丁先生说得更好了。

首先是中国学者应该以什么学术期刊为主发表论文的问题。丁先生说："期刊的好坏如何判呢？大家以同一学门公认的第一流期刊为最好，这些期刊绝大多数都是美国出版的。这里牵涉两个问题：第一，有些学问没有地域性，理工科大致如此，容易有公认的标准。人文社会的研究却很有地域性，美国出版的学报很少登纯中国的研究，唐诗是中国的瑰宝，美国有多少一流学报登研究唐诗的文章？外国的汉学家不敢研究唐诗的大家，如杜甫李白，因为古今的评注就难以掌握。这须中国人来作，在哪里发表呢？美国第一流的汉学期刊吗？中国经济的问题是非常大的问题，研究得当可以给许多开发中国家参考，但主流经济学期刊关心的是理论，有关中国经济的论文不会有多大市场，而且外国期刊为什么要提供许多篇幅给研究中国的论文？这合于他们国家的利益吗？由于英美第一流的汉学期刊很少，我们学者以英文撰写的论文努力挤进第二流的期刊，以致我们自己的期刊稿源不足，更严重的是重要的研究没有人肯花时间去做，完全扭曲了学术发展应有的走向。"

第二，由此就立即涉及，中国学者应该用什么语言文字为主来写作学术论文的问题。丁邦新教授说："目前理工科学大部分期刊都是用英文发表的，英文已经成为世界语文了。这一不争的事实是不是跟英美国家的强盛有关呢？为什么重要的学术论文不能用中文发表呢？英文并不是中国人的母语，用不是母语的语文发表意见总不如用母语来得准确，人文社会科学牵涉许多中国的概念，为什么要用英文来表达呢？我们不能否认，用第二语言总没有第一语言纯熟。那么写人文社会科学的论文用中文是天经地义的事，为什么要以英美学报为标榜？如果学人文的人对自己的语文都没有信心，这个民族大概也就前途有限了。如果有充分信心，何以不能建立以中文期刊为主的评鉴标准？"

最后，丁教授严厉批评主宰香港各大学财政命运的"大学教育资助委员会"不相信香港各大学在学术上的"独立自由发展"，总是要请外国的专家来评鉴香港学者的水平。例如以"研究成果评鉴"来说，大学教育资助委员会首先"请了好几位外国专家来解释如何评鉴"，因为"主事的人大概觉得远来的和尚会念经，这也是香港一般人心态，却不了解美国人念的经和香港的版本大不相同。"此外各类评鉴活动多得要命，"每一次都是扰攘多日，人仰马翻。美国和台湾〔地区〕既没有这么频繁，也没有这么琐碎。……现在各校用于这些评鉴工作的人力、物力、金钱难以数计"。

我之所以不厌其详地引用丁邦新教授的原话，是因为丁先生指出的这些香港高等教育的弊端，却恰恰在成为有些中国大学改革所追求的目标。换言之，香港由于历史的原因而陷入不能自拔的这种高等教育的附庸藩属状态，国内不少大学却似乎羡慕不已，甚至以为北京大学等国内大学最大的不幸就是至今尚没有资格作西方的"附庸藩属"，因为北大的教授们居然还在用中文写作，这怎么与国际接轨呢！中国大学的理工科现在已经是以用英文在国外期刊发表论文作为"评鉴标准"了，中国人文社会科学大概目前主要仍是用中文在中文期刊发表论文，这在大学改革者看来似乎正表明中国人文社会科学的落后。所以中国人文社会科学的发展目标就是今后都要用英文到美国期刊上去发表论文；用中文发表的论文算什么学术成果呢，不够国际标准嘛。最后，理所当然，中国学者的学术水平必须由外国学者来评鉴，你看连香港都不但要请外国专家来评鉴，而且首先要请外国专家来"解释如何评鉴"！人家香港至少一直是用英文的，即使自己不会评鉴至少能听懂人家"解释如何评鉴"，中国大陆只怕连人家"解释如何评鉴"都听不懂。因此中国的大学改革第一步只能先模仿香港高等教育，然后才能有资格与美国接轨。

大概所谓要达到"世界一流大学水平"，主要就是要大学不但理工科而且人文社会科学教师都用英文到美国期刊发表论文，除此以外好像也没有其他什么目标了。北京大学当局现在经过精密的科学计算后宣布，北京大学可以用"十七年"的时间达到"世界一流大学"的标准，这是什么意思呢？我不知道这个"十七年"是怎么算出来的，为什么不是十五年，也不是二十年？但我想不管多少年，北大的这个目标大概也就是要在"十七年"后达到北大教师主要都用英文在美国期刊发表论文吧。如果不是这个目标，又是什么目标呢？但如果无非如此，则香港所有大学早就都已经达到"世界一流大学"了，因为香港不管理工还是文科历来都不得不用英文争取在英美期刊上发表论文。如此说来，则北京大学的"世界一流大学目标"其实不过就是香港化。具体说来，北大目前的改革目标，我想其实也就是两个目标，第一，北大当局决心要用各种方式来保证，十七年后北大教师必须像香港那样主要是由英美大学培养的博士来担当；第二，十七年后北大教师必须像香港学者那样主要用英文写作论文到英美期刊发表，不然就解聘。据说北大的管理阶层最近都学了一个英文短语，叫 up or out。怎么个 up 怎么个 out 呢？答案大概是：今后用英文就 up，用中文就 out！

一流大学还是三流大学？

我以为中国的大学改革实际正在出现一种危险的倾向。这种危险就是在"创建世界一流大学"的口号下，实际却可能恰恰在把中国的大学变成注定只能成为三流、四流、甚至不入流的大学。出现这种危险倾向的原因在于，目前对所谓"世界一流大学"的理解是相当似是而非的甚至是完全错误的，因此一些改革方案的设计往往从一开始就犯了方向性的错误。

且让我们现在以一种假设情况来提出问题。以中国现在的一流大学例如北京大学为例，假如十七年后，北京大学的所有教授、副教授和讲师助教都是由哈佛、耶鲁、芝加哥等世界一流大学培养的博士所组成，而与此同时北京大学自己培养的博士则只能去中国本土的二流和三流大学任教，试问那时的北京大学是变成了世界一流大学，还是变成了中国的二流或三流大学？答案自然是后者，即北京大学不但没有变成世界一流大学，反而变成了中国的二流甚至三流大学。因为这种情况实际意味着，北京大学自己培养的博士不但没有升值，反而越来越贬值，越来越不值钱。

很简单地说，大学的根本使命就是培养人才，所谓世界一流大学就是它能培养出世界一流的人才。

如果某大学仅仅能以高薪聘请别家大学培养出来的人才，却永远在自家大学里培养不出同等甚至更好的相应人才，那么这家大学就永远是三流大学，它的所有投资都是失败的，因为它只有投入，没有产出，或者是高投入低产出。我们现在因此不妨提出三种不同的可能情况来进一步说明这个问题。由于我们现在是讨论高等教育的问题，因此我们这里暂时只考虑大学培养的今后从事高等教育的人才。

第一种可能情况是，十七年后北京大学本身培养的博士越来越吃香，受到哈佛和牛津等世界一流大学的竞相聘请，亦即以"北大博士"这一学术资格就可以成为哈佛教授或牛津教授等的越来越多，那么我们大概可以说，北京大学开始进入了世界一流大学的行列；

第二种可能情况是，十七年后以"北京大学博士"的学术资格而直接受到哈佛和牛津等国外一流大学聘请担任教授的仍然很少或几乎没有，但以"北京大学博士"这一资格在中国本土一流大学任教的比例在国内仍然名列前茅；这种情况有可能表明北大仍未进入世界一流大学行列，但至少可以肯定，即北大仍然是中国的一流大学；第三种则就是我们前面已经提及的可能性了，即十七年后"北大博士"的资格不但不足以在哈佛和牛津等国外一流大学得到聘请，甚至也已经得不到中国国内一流大学的聘请，而只有资格在中国的二流和三流大学任教，那么这就只能意味着，北大下滑成了中国的二流甚至三流大学。这就像假如哈佛的博士今后都只能去美国州立大学任教，那么哈佛也就下降到州立大学水平了。

我们现在因此不能不问，北京大学现在宣称的在"十七年左右达到世界一流大学"的目标到底是什么目标？如果北大的目标是要达到上述第一种情况，即在十七年内造就越来越多的"北大博士"直接成为哈佛教授或牛津教授，那么至少有志气，唯一问题是北大通过什么制度来达到这个目标。但如果北大说，这种目标是不可能的，不要说十七年，甚至七十年都不可能，那就奇怪了，如果这是不可能的，那么北大所谓"创建世界一流大学"到底是什么目标？我们必须强调，"世界一流大学"的真正标准是这所大学培养的最高学位如博士是世界一流的，其他标准都不是真正的标准。美国有很多非常好的 liberal college，培养最好的本科生，但不会称"世界一流大学"，人家根本就不屑这种空洞名号。又如果光是以生产论文数量质量为标准，那不如大力扩充办好中国的科学院和社科院体制，专事研究和写论文，何必浪费精神办大学，反正学生再培养也不成材，因为只能去二流三流大学教书。

北京大学如果不是以上述第一种情况为自己的目标，今后实在没有必要喊什么"创建世界一流大学"的口号，因为这种口号只能误导北大自己。这种误导就在于北大根本没有想过要达到上述第一种情况，却事先排除上述第二种情况，最后结果恰恰只能是沦落到上述第三种情况，即造成北大自己培养的"北大博士"越来越贬值。

"留美近亲繁殖"

有人一定会反驳说，如果北京大学今后的所有教授、副教授和讲师助教都是由哈佛、耶鲁、芝加哥等世界一流大学培养的博士所组成，那么由这样的北大教师队伍培养的北大博士自然也应该是最好的，怎么会反而贬值呢？我们说，这只是想当然的看法。因为如果北大以及全中国的一流大学都走上了"留美近亲繁殖"道路（为行文简便，以下用"留美"泛指所有留学），亦即如果北大等先天地认定北大教师聘任首先考虑留美博士，那么所有北大本科生自然就明白，读北大博士是绝对没有前途的，是低人一等甚至三等的。由此北大自己就贬低了自己培养的北大博士，这样北大学生自然不屑再读北大的博士，怎么也得到美国去混个博士，以免低人一等。由此就会造成一代又一代的"留美近亲繁殖"，因为北大将惯性地认为只有留美博士才有资格来北大任教，北大学生会惯性地认为只有去美国拿博士才有前途，而读了北大博士的将注定只能去中国三流大学任教。一旦形成这种状况事实上就将永远无法再改变。由此，北大当然注定永远不可能成为"世界一流大学"，它将千年万年地最多成为最好的"北京留美预备大学"。

如果这就是北大改革的方向，那也未尝不可。不过这样北大要学的就不是哈佛或芝加哥大学等，而应该多学美国的 liberal college。同时，北大不应该再办研究院，没有必要再培养那么多北大博士，甚至连硕士都没有必要培养。作个名副其实的"北京留美预备大学"，尽早把本科生送到美国去读博士，对学生、对家长、对学校、对国家和纳税人，都是更经济更负责的方式。但问题在于北大号称要成为"世界一流大学"。

我们有理由认为，这次北大改革的基本指导思想其实很简单。

这就是它认为"世界一流大学"的前提是大学教师必须大多数是美国博士，有这一条才能确保大多数教师都用英文写作论文到英美期刊发表。因此这次北大改革其实只有一个目标，这就是如何尽快把北大现有教师换掉，换成绝大多数都是美国博士。北大改革方案的所有设计其实都是为这一目标服务的。

例如为什么要"十七年"呢，因为北大现在改革不能动已有教授，没有教授支持就无法通过改革方案。但"十七年"后现在的教授基本都退休了。因此改革的主要矛头是如何尽可能多地淘汰目前北大的讲师副教授，由此设计的升级机制毫无理路地繁复无比，总之升级越难越好，淘汰越多越好，这才可以有更多的位置给留美博士。最后，则是北大自己的博士不留校，说是防止"北大近亲繁殖"。

但我们可以问，北大不留自己的博士，又尽可能淘汰自己的青年教师，难道是为了纳入国内的复旦、南大、浙大的博士？当然不会，北大毕业的人自然都知道，以北大的老大心态，它怎么会把国内其他大学放在眼里？北大眼里自然只有美国的大学比它好，空位自然将主要只聘任留美博士。因此，杜绝"北大近亲繁殖"的目的其实是要扩大"留美近亲繁殖"。但问题是，现在复旦和浙大等并没有把北大放在眼里，它们因此很可能同样不会聘任北大的博士，而是同样只要留美博士。由此，全中国一流大学都走上"留美近亲繁殖"的道路，而全中国一流大学自己培养的博士就全都只有到中国二流三流地方大学去任教。由此，最终的结果将是中国所有一流大学自己培养的博士都贬值。如果这样，中国实在应该考虑取消所有的博士培养点，把钱用在办地方中等学院和加强乡村的基础教育。

立足"华人大学的理念"改革北大

从"华人大学的理念"出发，北大的改革应该着重于提升北大自己培养的博士的水准，减少对国外博士的需求。中国大学改革的总体目标是要尽快结束中国留学运动，以中国自己培养的博士构成中国高等教育的主体，而不是要把中国的大学教师都换成美国博士。如果中国的大学走上"留美近亲繁殖"的道路，那么中国的大学就是"放弃了学术的独立自主，成为人家的附庸藩属"！

北大目前的改革方案是乱北大、乱中国高教的方案。这个方案的根本问题是北大主事者基本不信任北大自己现有教师队伍，而又盲目迷信国外博士，从而试图以"留美近亲繁殖"的方式来对北大换血。如果放弃这种错误的指导思想，北大的改革完全可以有更现实的新思路。这种新思路将首先立足于对北大现有年轻教师的充分认识上。事实上，北大最近三、五年聘用的年轻教师，可能是北大历史上最优秀最有潜力的人才。他们大多是北大和国内其他一流大学自己培养的博士，在毕业时经过激烈的竞争才成为北大教师的一员。在学校中他们通常是生活待遇最低，工作条件最差，但在课堂上却往往是最受北大学生欢迎的教师。正如现在人所周知，北大年轻的讲师副教授水平超过许多教授。这些年轻教师外语好，阅读广，知识面宽，思路开阔，而且对学生有精神感召力。

没有人可以有资格任意断定他们的水平低于国外博

士。事实上他们中佼佼者的水平和眼光远远高于留美博士的水平。

中国从改革以来的留学运动已经二十多年，现在也应该对此有一个清醒的估计了。理工科暂时不论，如果单纯从文科（为行文简便下面用"文科"包括所有人文社会科学）看，在很多方面是相当令人失望的，并不那么理想。大多数文科留美博士都挤在美国学术界一个边缘的方寸之地，就是所谓"中国研究"。中国人到西方去留学，本应研究西学的精髓，而西学的精髓乃在西方学界对西方本身思想传统和制度文化的研究，不在西方人对中国的研究上。西方学界的"中国研究"只能说是西学的皮毛之学，因为这个部门研究的问题和方法都是来自西学主流部门的。现在有多少中国大陆留美博士在美国留学是专门研究西学的呢？大多数都挤到所谓"中国研究"领域去了。

很多人其实对中国一点兴趣都没有，也要挤进去，自然是因为中国人懂中文作中国研究写论文容易点，以后在美国找工作容易点，这也不是什么秘密。有些人似乎不知道在美国拿个博士只要中人之材就绰绰有余，并不需要什么特别的才华，中规中矩的学生拿个博士最容易。真正难的倒是今天很少再有人像老辈学者陈寅恪钱锺书那样去留学只问学问不求学位。

北大主事人如果对北大自己的青年教师和留美博士都有一个清醒的认识，那大概就会放弃盲目认定美国的博士一定比自己培养的博士好的无根据思想。而一旦放弃了这种心态，也就有理由彻底放弃现有的以"换血"为目标的改革方案。不妨说，北大的改革目前最迫切的就是要改革主事人的思想和头脑！人们有理由要求北大的主事人树立"华人大学的理念"，这就是要明确认识到，中国大学不是要无休止地复制"留美近亲繁殖"，而是要尽快结束中国留学运动，以中国自己培养的博士为主研究中国与西方。因此北大在今后的聘任制度上，应该有三条原则：第一，主要面向国内博士；第二，在聘任留美博士时，主要聘用那些专门研究西学的人，因为中国需要大规模地研究西方；第三，一般情况不聘用那些作中国研究的留美博士，除非已经证明其人至少在西方的中国研究领域是"领头学者"。如果按这三条原则，我相信北大人文社会科学十年后必有极大起色；反之，如果按北大现在的改革方案办，则北大的人文社会科学必然变成西方学界"中国研究"的一个分部，成为"人家的附庸藩属"。

北大！抬起你高傲的头，挺起你高贵的胸，不要自卑自贱地低三下四跟人走，而要自尊自信地为"华人大学的理念"走你自己的路！

北京大学与中山大学改革的初步比较 *

许多媒体现在常常把对"北大改革方案"的批评都笼统地称为"反对改革",这是严重的误导。北大主事人如张维迎等在媒体上发表访谈以"北大必须改革"为题,本身就带有误导的性质,好像现在全部的争论是"北大要不要改革",可是这从来就不是争论的问题!围绕北大改革的争论从一开始就是关于"如何改革",而根本不是"要不要改革"。因此批评和反对"北大方案",并不等于反对北大要改革,更不等于反对大学改革本身,而恰恰是为了更好地进行大学改革,因为草率的、不负责任的大学改革不是真正的改革,而只会导致改革的流产。我个人虽然现在被看成"北大方案"的主要批评者之一,但我从来没有主张北大不要改革,相反,在近来对北大的改革批评日多的情况下,我甚至愿意为北大的改革作

---

* 原载《21 世纪经济报道》2003 年 7 月 31 日;又刊于《书城》杂志 2003 年第 8 期。

些辩护。例如现在很多朋友的批评认为北大应该首先改革"大学官本位和衙门化"等问题，但我以为指出这些问题虽然完全正确而且非常重要，但这并不构成批评北大改革教师体制的充分理由。因为改革行政体制等或许可以为改革教师体制创造较好的条件，但却并不能代替改革教师体制本身。换言之，改革教师体制本身确实是大学改革非常关键的一环，而且是具有相对独立性的一环，因为其中包含的很多问题不是其他改革例如行政后勤改革可以解决的。就此而言，北大探索新的教师聘任制度，这一点本身并没有什么错，唯一的问题只在于，北大改革教师体制的指导思想是否深思熟虑，其方案设计是否理据充分？对这一问题的检讨，一方面可以通过与国外大学体制的比较来考察，同时，还可以通过比较北大方案与我国其他大学的改革方案来分析。

我最近才看到中山大学不久前通过的《中山大学教师编制核定、职位设置与职务聘任规程》全文和全部附件。在仔细研究了中大这个教师聘任制的改革方案后，我现在可以很肯定地说，中大这个改革方案远远优胜于北大最近出台的《北京大学教师聘任和职务晋升制度改革方案》。本文以下因此将提出一些初步的比较，以期引起更多的讨论。但由于这个题目的特殊性，我有必要首先说明，我与北大和中山两校现在都没有任何人事和利害关系。我毕业离开北大已经十五年以上，北大改革并不牵涉我的个人利益，我没有任何个人理由要和自己的母校过不去，如果对其提出一些批评，也是爱之深而责之切而已；另一方面，我与中大更是素昧平生，其改革与否都与我个人没有任何关系。因此无论对北大方案的批评，还是对中山方案的肯定，我自信都是从纯粹的论事论理立场出发。我已经发表的"大学改革的合法性与合理性"以及"华人大学理念与北大改革"这两篇文章，都是从这一论事论理的立场出发，提出的都是我认为确实值得认真讨论的严肃问题。我希望所有参与大学改革讨论的人，不作无谓的个人意气之争，不作没有意义的表态文章，而能深入地讨论大学教师体制改革的问题，从而寻求在辩论中逐渐形成我国大学改革的一些基本共识。

中大的改革：强调依法办事，保障教师合法权益

中大"规程"的第一条就说明，"根据《中华人民共和国教育法》、《中华人民共和国高等教育法》、《中华人民共和国教师法》和《中华人民共和国劳动法》，制订本规程"。仅此一条，就已经足以使我对中大的这个"规程"刮目相看。如人所知，我在6月5日《21世纪经济报道》上发表的"大学改革的合法性与合理性"一文，特别提

出了大学改革要有法律根据并注意保护大学教师的权利与尊严，但文章发表后，北大主持改革的张维迎先生却在6月20日北大网站上回应说，他"真不明白甘阳先生在讨论什么问题"，并认为我的文章"误导了好多人"。这里至少可以指出，北大主事人"真不明白"的事，中大主事人却非常明白，这就是中国的大学改革要以中国的现行相关法律为"根据"，而且在改革教师体制时，要特别注意保护大学教师的权益。

根据中大副校长李萍的"我校推行教师职务聘任制的工作报告"，中大的"规程"共修改30余稿，并主要通过学校"双代会"（教代会与工代会）反复征求校内教师代表和工会代表的意见；而"双代会"代表们提出的最主要修改意见中，第一条就是希望"进一步强调依法办事，保障教师合法权益，使教师职务聘任更加公平、公开、公正"。中大校方正是根据代表们的这一意见，在最后定稿中将"规程第一条"改为我们上面所引的"根据《教育法》、《高等教育法》、《教师法》和《劳动法》，制订本规程"；同时在"规程第二条"关于"指导思想"的表述中，特别增加了"保障教师合法权益"的条文。这些条文或许在北大主事人眼里都没有任何意义，因此北大"方案"几乎没有任何体现"保障教师合法权益"的条文和内容。

但如果从这个"保障教师权益"的角度来比较北大"方

案"与中大"规程"，我们立即就可以注意到，北大这个
"教师聘任和职务晋升制度改革方案"，完全没有考虑教师
聘任和晋升过程中的"申诉与仲裁"问题，而中大的"规程"
一共七章六个附件，其中第六章（第57条至64条）即题
为"申诉与仲裁"，对于确保教师在职务聘任和业绩考核
等问题上可以进行申诉和投诉的问题作了非常详细具体
的规定。例如，教师首先以书面形式向以校长为主任的
校级"教师编制核定与职务聘任委员会"提出申诉和投
诉（57条），而委员会"接到投诉后，可委托学校相关部
门进行调查，必要时调查可以听证会形式进行。一般情
况下，在接到申诉或投诉两个月之内，要对申诉人或投
诉人作出书面的答复，告知处理决定"（59条）。如果当
事人对处理决定不服，可以进一步以书面形式提请"学
校教师职务聘任仲裁委员会仲裁"（60条），而仲裁委员
会"应在接到申请一个月内，以听证会形式进行调查和
审理，并作出仲裁"（62条）。与此相应，在"规程"的
附件二和附件三中，对校级和院系级的"教师职务聘任
委员会"的议事规则，都增加了"回避"的条款，而且
规定当"有具体事实足以确认委员会委员对于评审议题
有偏颇之虞者，被评审者可向委员会申请该委员回避"。

所有这些，都不是可有可无的条文，而是一个大学
在改革教师聘任和晋升制度中必须充分考虑的内容（相当

于西方大学教师聘任晋升制度中的 grievance procedures）。
为什么中大的"规程"对此作了详细的规定，而北大的
"方案"则对此毫无考虑呢？北大当然可以辩解说，所有
这些我们以后都会有相关规定的，可是这种辩解是相当
无力的，因为一个新的教师聘任制度的设计如果思虑周
详的话，就绝不应该"遗漏"关于"申诉和仲裁"的程序。
事实上我们还可以举出一些意味深长的差异，特别是中
大"规程"有而北大"方案"没有的条文，往往反映出
两个学校在是否尊重教师之态度上的差别。例如中大"规
程"的第四十四条规定："教授、副教授和讲师在本校每
连续工作满五年，可享受六个月的学术假，专职从事学
术研究工作。学术假为有薪假期，在享受学术假的学年，
基本教学工作量要求减半。"这毫无疑问是一个非常重
要而有吸引力的规定，相当于西方大学的所谓 sabbatical
leave（大学教授每 7 年可以享受一年或半年的学术假），
中大将这一权利同时给予讲师一级的年轻教师，尤其令
人激赏。北大的"方案"在这方面又是付诸阙如的。我
们当然完全相信，北大"今后"一定会在这方面作出相
应规定的，可是为什么这些关乎教师权益的规定就不能
在北大的"教师聘任和晋升改革方案"中首先体现出来，
一定要到"今后"才考虑？

我以为上述的这些差异并非偶然，而是反映了中大

和北大在改革教师聘任制度上有一种基本态度的差异。中大的"规程"让人感觉比较多地从教师的立场考虑问题，而北大的"方案"则有一种以行政当局居高临下对待教师的傲慢。我们因此可以再举一个意味深长的差别，中大"规程"的第十五条规定："各院系受聘教师，若担任学校党政管理主要领导职务，或担任院长（系主任）、书记职务，则不占本院系教师编制数。"这在北大的"方案"中又是没有的。

尊重历史的中山、割断历史的北大

中大这次改革教师体制的措施是由两个文件组成，第一个文件就是上面已经一再提到的《教师编制核定、职位设置与职务聘任规程》，另一个文件则是"关于实施《规程》、实现从教师职称评审制到职务聘任制平稳过渡的若干规定"。可以说，中大的《聘任规程》是面向未来的，主要是为中大今后聘任新的教师而设计的，而其"平稳过渡的规定"则是面对现实，主要考虑中大目前在校教师如何过渡到新体制的问题。与此相比，北大的"方案"只有一个文件，而这个文件的特点是，它的口号是面向未来的，号称要建立世界一流大学，但其实际内容却恰恰以解决"历史遗留问题"为主，实际是企图以"割断历史"来走向未来。北大的"方案"在性质上其实更近似中大的"过渡规定"，只不过北大似乎并不考虑"平稳"过渡，而是要"强行过渡"。我们下面略作比较就可以看出，中大改革的审慎明智与北大改革的轻率任意形成鲜明的对照。

中大"平稳过渡的规定"对目前在校教师的过渡问题基本上作了以下的规定：第一，"原则承认2003年5月以前的职称评审结果，以之作为教师职务聘任制度实施的基础。"第二，"2003年5月31日以前进入中大工作的教师，已受聘教授、副教授职务者，若继续受聘原职务，可与学校签订无固定期聘任合同"，即通常所说的终身聘任合同；第三，"已受聘讲师、助教职务的教师，若继续受聘原职务，与学校签订有固定期聘任合同，首个聘期三年，从合同签订之日起计算。"第四，"已受聘讲师、助教职务，在中大工作满25年或在中大连续工作已满10年且男教师满50周岁、女教师满45周岁者，若继续受聘原职务，亦可与学校签订无固定期聘任合同。"

可以看出，中大这个方案与北大方案的最基本差别在于，中大是原则上将在校的教授和副教授两级都转为终身聘任，而北大则是只有教授阶层自动转为终身聘任，而排除了副教授阶层。但除此以外，还有一个程序上的差别：中大虽然"原则承认2003年5月以前的职称评审结果"，但在程序上，院系一级仍然需要对在校的所有教师，包括教授、副教授和讲师，都进行一次确认是否继续聘任的过程。其具体程序是，现任教于该校的 57 岁以下教师，若申请继续受聘为本校教师，须填写《中大教师职位申请表》；由院系级的"教师职务聘任委员会"拟定本单位现有教师聘任现职务的方案，"并以记名投票方式对每一个申请者进行表决，获聘任委员会总人数二分之一以上赞成票者即可受聘。并根据《规程》，与学校签订新的《教师职务聘任合同》。"尽管这一程序估计多半将主要是一种形式上的程序，亦即大多数在校教师基本都会得到确认以现职务继续聘任，但至少在程序上，在校的教授与副教授和讲师一样都是一视同仁地需要经过这一确认程序，而且并不排除有些教授不受确认的可能。而北大"方案"则是所有在校教授不需经过任何程序就自动转为终身聘任，而副教授则和讲师一样都被转入"三年合同聘任"。

中大的这一"过渡"方案毫无疑问是更合理、更公正，从而也是更平稳的过渡方案。因为从现在的高等教育体制来说，我国的"讲师"这一级教师相应于西方大学的"助理教授"级教师，亦即是属于尚处在所谓"学术见习期"（probationary period）的教师。因此，在从旧体制到新体制的转型过程中，讲师这一级教师原则上不立即转为"终身聘任"在理论上是可以成立或比较容易辩护的，亦即只有合格通过了"学术见习期"的教师有资格得到终身聘任。而副教授则和教授一样，是属于已经通过了"学术见习期"的教师，因此在转型过渡时，这两级教师应该作同等处理为宜，亦即或是教授和副教授都同时转为"终身聘任"，或是教授和副教授都同样不转为"终身聘任"，否则就非常不公正。从实践上讲，如果教授和副教授都不转为"终身聘任"，震荡太大，不利于改革的平稳过渡；而如果将目前在校的教授和副教授两级原则上都转为"终身聘任"，则大学的改革就必然比较容易保证"平稳过渡"。中大这次的改革，在校内引起的争议不大，毫无疑问正是因为它们采取了将在校教授和副教授原则上都转为"终身聘任"的方案。从中大的"过渡"方案来看，它们确实基本作到了校方在改革过程中一再强调的中大的改革原则，即"学校将立足现实、尊重历史、实事求是，参照职称评定的基本要求，对现有人员作一基本承接"。

　　与此相比，北大"方案"则是好高骛远、割断历史、华而不实、任意妄为，不是"对现有人员作一基本承接"，不是充分考虑"平稳过渡"的问题，而是首先就作了一个完全任意性的粗暴决定，即在校教师中只有教授自动转为"终身聘任"，而副教授则被排除在外。实际上，北大方案在校内引起如此大的争议，从根本上可以说就是因为这一任意性的决定。因为如上所言，讲师一级原则上不转为终身聘任是比较容易从理论上论证和辩护的。

北京大学与中山大学改革的初步比较

如果北大方案像中大的过渡规定一样，将教授和副教授都列入原则上转为"终身聘任"，那么可以断言，北大方案绝不会像现在这样引起如此大的争议，北大的改革过程将会平稳得多。我根本不同意现在一种莫名其妙的说法，似乎北大方案之所以引起争议就是因为它是北大的改革，这种自鸣得意的说法完全掩盖了问题的实质，这就是北大方案之所以引起如此大的争议，乃是因为这个方案是一个非常不合理的方案、一个非常不公正的方案、一个处处表现出"任意性"的方案！北大校方一再说他们搞的不是"休克方案"，但是，以行政当局的任意性毫无道理地决定只有教授自动转为终身聘任，而副教授被人为排除，这当然就已经是不折不扣的"休克方案"！还要怎样才是"休克"？北大校方或许以为，只要没有解聘全部教师就不是"休克"？

我们必须问，北大方案将教授转为终身聘任，而把副教授排除在外，其理据究竟何在？北大校方目前所说的所有理由，都是根本不成立的。例如北大校方辩称，"正教授的数量相对较少，即使将全体正教授都确定为终身职位也不会对教师队伍的吐故纳新带来太大的问题。"可是这个说法根本就不符合北大的事实。以北大文、史、哲等系科为例，教授的人数恰恰都是数量最大的群体。按北大目前可查的官方数字，中文系的现有教师比例是：教授 51 人，副教授 35 人，讲师 18 人，怎么可以说"正教授的数量相对较少"？再以历史系为例：教授 28 人，副教授 18 人，讲师 16 人，怎么可以说是"正教授的数量相对较少"？再以哲学系为例：教授 27 人，副教授 27 人，讲师 7 人，又怎么可以说"正教授的数量相对较少"？还可以再以北大的英语系专业学科为例：其中教授 14 人，副教授 11 人，讲师 6 人，又如何可以说是"正教授的数量相对较少"？北大校方在改革时似乎对自己校内的教师比例都缺乏一个基本了解，却想当然地认为"正教授的数量相对较少"，而许多不了解情况的人也都想当然地以为北大校方的说法肯定是有根据的，谁会想到北大校方的说法是信口开河、毫无根据的！

实际上，北大的真正理由并不是"正教授的数量相对较少"，而是"讲师的数量实在太少"，即使把讲师全部解聘也无助于北大"吐故纳新"。因此北大想出来的"绝招"就是把副教授当讲师计算，都算作"学术见习期"教师，这样就加大了可供解聘的人员基数。说穿了，所谓北大方案其实主要是一个"裁员"的方案，而不是一个深思熟虑设计北大未来的方案。本来，裁员也就裁员罢了，可是北大却偏要高喊如此多冠冕堂皇的口号，什么世界一流大学，国家与人民的期望，18 亿人民币怎么交代，等等，而更不可思议的是，为了辩护裁员的合理性，北大的主要领导们竟然不惜在校内校外、电视报纸上都大肆传播"北大是一流的学生、二流的教师"，这真正是创造了世界大学史上的奇迹，从来没有任何国家的任何大学的校长副校长们会如此轻侮本校的教师！我们不能不说，北大校方这次对北大教师集体名誉所造成的严重损害，可能是今后很多年都难以弥补的。

"学术见习期"与"终身教职"

由于北大方案的主要目的就是裁员，同时还必须把副教授也作为裁员对象，因此北大方案不得不规定，今后北大只有晋升到教授才能获得终身聘任。我们可以首先指出，美国的绝大多数副教授和教授一样都是所谓"终身教授"（tenured professor），而且比例一直都比较稳定，例如2000年的统计数字是96.7%的教授和85.7%的副教授是终身教授，而2003年的最新数字是96.6%的教授和84.7%的副教授是终身教授。北大好高骛远地把取得终身教职的资格定得比美国普遍水平还要高，是否真的是面向未来超越美国呢？其实不是，北大之所以要把终身教职定在教授，完全是因为它现在刻意不让在校副教授转为终身聘任这一点所制约的。

我们可以很容易证明，如果北大的目的是要学哈佛，超越美国普遍水平，那么北大方案就绝不应该同时设计一个几乎荒谬的"学术见习期"制度。因为按照北大方案，今后北大教师的"学术见习期"（probationary period），即一个人从被聘任为北大讲师开始到他获得"终身教职"（tenure）这一段的时间，最长为理科15年，文科18年。这个制度实际完全是为北大目前在校副教授和讲师设计的，否则就是不可理喻的。因为这样的"学术见习期"制度完全是违反常识的，表明北大实际没有"学术见习期"的概念。北大的改革越是标榜学美国，常常越是暴露北大主事人对美国体制缺乏基本了解。我几乎可以断定，张维迎先生从来没有阅读过有关美国tenure制度的著作，否则他就应该知道，他最喜欢挂在口上的所谓"up-or-out"，其实是一个简化的表述，正式的表述是"seven-year, up-or-out rule"，有时也作"six years up or out"，即"七年内不升即离"或"六年内不升即离"。这是因为美国绝大多数大学的"学术见习期"不超过七年。

美国不同的大学虽然各有差异，但在教师聘任制度上实际有一个共同的指引文献，这就是"1940年关于学术自由与终身聘任的原则陈述"（1940 Statement of Principles on Academic Freedom and Tenure），这个"陈述"是由"美国大学教授联合会"（AAUP）与"美国学院联合会"（后改名为"美国学院与大学联合会"）在1940年联合通过的（以后又通过一个附件即"1970年解释性注释"）。这个文件对"学术见习期"建立的基本原则是："学术见习期不应超过七年"（the probationary period should not exceed seven years），同时规定，如果见习期后不再聘任，必须至少在见习期结束一年前通知当事人。所谓"七年内不升即离"这个说法就是从这里的"不应超过七年"而来，之所以又称为"六年内不升即离"，则是因为要提前一年通知，因此美国绝大多数大学都是在教师聘任后的第六年决定其是否"终身聘任"。有少数学校超过七年，但最长的见习期一般不超过九年。例如哥伦比亚大学有明文规定，教师最晚可以在受聘后的第9年申请"终身聘任"，但需要经过主管学术的副校长特别批准，而且决定必须在第6年作出，同时需要满足三个条件，第一必须证明此人为杰出学者；第二是有重要学术出版或学术成果要在第7年出来；第三必须有系里书面担保此人在系的内部评审中绝对可以通过。

北大方案如果是真正面向未来的，那就绝没有理由设计现在这种全然不知所谓的"15年或18年不升即离"的学术见习期，因为这对于北大的未来发展是非常不利的，不利于今后的吐故纳新。这一制度只能表明，北大越是想"割断历史"，恰恰越是被"历史遗留问题"绊住脚：为了不让在校副教授转为终身聘任，北大反而必须设计"不合理的宽大"制度即过分延长"不升即离"的时间规定，从而使得北大反而更长久地不能轻装上阵去面向未来。

与此相比，中大的改革很少像北大那样开口美国闭口哈佛，但中山的改革方案反而更接近美国大学的通常体制。中山方案非常平实地把今后教师获得终身聘任的资格定在副教授，规定副教授在受聘满三年以后，就可以申请终身聘任合同，并不需要晋升到教授才可以终身聘任，因此中山方案自然不需要像北大那样设计极其繁复的多次合同制。我以为从各方面来看，中大的改革方案都显得思虑周详、法度严谨，在合理性和可行性方面远远优胜于北大改革方案。北大目前正在进行方案第三稿的修订，我在这里郑重建议，北大应虚心向中大学习，并参照中山的"规程"而全面修订目前的方案。北大校方最近常常说，批评北大方案的人应该提出替代方案。如果这种说法是一种虚心态度的话，那么我可以建议，"北大方案"其实只要修改一条，就可以理顺全部关系。这就是只要将"终身聘任"改为定在副教授，那么第一，现在的在校副教授可以和教授一样转为"终身聘任"；第二，不必设计违反常识的"15年或18年不升即离"制度。如此则北大改革方案将立即成为合理可行的方案。实际上中大改革方案已经提供了最现成的更完善方案，足以替代目前的北大方案。

华人大学理念九十年 *

问：你在"华人大学理念与北大改革"一文中提出，中国大学的使命是要坚持和加强中国人在思想、学术、文化、教育上的独立自主，而不是要成为西方大学的附庸藩属，并且认为，中国大学改革的总体目标是要尽快结束中国的留学运动，以中国大学自己培养的人才构成中国高等教育的主体。这些论点引起不少争议，有些批评者认为中国人根本没有资格谈这种"华人大学理念"。你怎么看待这样的批评？

答：这种批评当然并不奇怪，所谓"燕雀安知鸿鹄之志"也。自清末留学运动以来，中国出国留学的人一向可分为两类人，一类是文化自卑者，一类是文化自强者。文化自卑者自然认为"华人大学理念"匪夷所思，但文化自强者则必然以这个理念立志。其实"华人大学理念"至少已有九十年的历史，其起点可追溯到胡适在

---

* 原载《读书》杂志 2003 年第 9 期。

留学时期写下的《非留学篇》（发表于一九一四年的《留美学生年报》），而且胡适的表达远比我激烈。《非留学篇》开头就说：

> 吾欲正告吾父老伯叔昆弟姐妹曰：
> 留学者，吾国之大耻也！
> 留学者，过渡之舟楫而非敲门之砖也；
> 留学者，废时伤财事倍功半者也；
> 留学者，救急之计而非久远之图也。

胡适随后逐点说明他这四个论点。首先，"以数千年之古国，东亚文明之领袖，曾几何时，乃一变而北面受学，称弟子国，天下之大耻，孰有过于此者乎！吾故曰：留学者我国之大耻也"。

其次，中国人留学的目的，原本是要"以他人之长，补我所不足，庶令吾国古文明，得新生机而益发扬光大，为神州造一新旧泯合之新文明"；但实际结果却是，甚多留学生只不过求"一纸文凭，可以猎取功名富贵之荣，车马妻妾之奉矣"，亦即不过当作新的"敲门之砖"而已。胡适因此叹曰："嗟夫，持此道而留学，则虽有吾国学子充塞欧美之大学，于吾国学术文明更何补哉！更何补哉！"

其三，留学乃"废时伤财事倍功半"。所谓"废时"是因为中国学子为了留学首先得在国内用多年时间学习西方语言文字以作准备，而到了国外仍要在西方语言上花费无数时间，因此同等智力的西方学子和中国学子在学习同样的东西时，中国学子却不得不消耗掉数倍于西方学子的时间精力，等于同等智力已被打掉一半折扣，也就必然"事倍功半"，更不要说许多人最后学出来还可能只不过是个会说洋文的木瓜而已。因此胡适说，"夫以四五年或六七年之功，预备一留学生，及其既来异邦，乃以倍蓰之日力，八倍之财力，供给之，然后造成一归国之留学生，而其人之果能有益于社会国家与否，犹未可知也。吾故曰：留学者废时伤财事倍功半者也。"

但尽管留学有如此之弊端，现代中国人却不能简单地废留学，因为那只能是因噎废食。因此胡适的最根本论点落在其第四点，即"留学为可暂而不可久"之事，是"救急之计而非久远之图"。他大声疾呼地发问，难道中国人真要"视留学为百年久远之计矣乎？"正是在这里，胡适明确提出了"留学当以不留学为目的"的主张，即认为中国人留学的目的就是为了尽早结束中国的留学运动："留学者之目的在于使后来学子可不必留学，而可收留学之效。是故留学之政策，乃以不留学为目的。"

问：如此说来，你提出要"尽快结束中国的留学运动"，与胡适提出"留学当以不留学为目的"乃一脉相承？

答：是要重新提出这个目的或目标，因为这个目的今天似乎已经被人遗忘了！中国自改革开放以来的新留学运动已经二十多年，这次留学与清末民初胡适时代的留学一样意义重大，但我们也同样有必要像当年胡适那样追问："吾国人其果视留学为百年久远之计矣乎？"尤其在今日中国各大学纷纷以创办"一流大学"为口号而进行改革之时，我们不能不问，中国大学改革的总体目标，究竟是要尽快结束中国的留学运动，还是要把留学运动进一步地制度化和永久化？

我在批评北大方案时指出，假如北大改革的方向只不过使北大走向一代又一代的"留美近亲繁殖"，那么北大恰恰注定永远不可能成为"世界一流大学"，而只能千年万年地成为一流的"留美预备北京大学"。这也是胡适九十年前早就提出的警告，如他所言："今日之大错，在于以国内教育仅为留学之预备。是以国中有名诸校，都重西文，用西文教授科学。学生以得出洋留学为最高之目的，学校亦以能使本校学生可考取留学官费，或能直接升入外国大学，则本校之责已尽矣。此实今日最大之隐患。其流弊所及，吾国将年年留学永永为弟子之国，而国内文明终无发达之望耳。"

　　我们今天之所以需要明确提出"尽快结束中国的留学运动"，实是因为今天这种"吾国将年年留学永永为弟子之国，而国内文明终无发达之望"的危险几乎比九十年前还要严重！

　　我们可以注意，胡适写作《非留学篇》是在一九一二年。当时的中国还根本谈不上有任何现代大学可言，而且当时中国的总体状况如胡适所言乃一无是处："以言政治，则但有一非驴非马之共和。以言军事，则世界所非笑也。以言文学，则旧学已扫地，而新文学尚遥遥无期。以言科学，则尤可痛矣，全国今日乃无一人足称专门学者。"但就是在这样一种中国的一切都极端落后、极端衰败、极端令人沮丧的环境下，胡适这一代中国学人却以凌云之志而高瞻远瞩地提出"留学当以不留学为目的"的目标！反观今日，我国大学无论与世界一流水平还有多少距离，毕竟已经有现代大学的相当规模和实力，其具备的条件和水平与胡适时代的中国大学乃不可同日而语，但今天的人却不但没有"留学当以不留学为目的"的文化自觉，反而在听到"中国大学改革的总体目标是要尽快结束留学运动"时，竟表现得大惊小怪，好像多么不可思议！

　　我以为今天的问题不是中国的大学水平有多低，而是中国人今天的精神有多低、气质有多弱的问题。可以说胡适那一代学人中占主导的是志在高远的文化自强者，而今天则有太多心态猥琐的自卑自贱者。这些自卑自贱者如胡适当年所言："一入他国，目眩于其物质文明之进步，则惊叹颠倒，以为吾国视此真有天堂地狱之别。于是由惊叹而艳羡，由艳羡而鄙弃故国，而出主入奴之势成矣。于是人之唾余，都成珠玉，人之瓦砾，都成琼瑶。及其归也，遂欲举吾国数千年之礼教文字风节俗尚，一扫而空之，以为不如是不足以言改革也。"今天的致命问题就是这"入奴之势"似乎越来越弥漫，以致许多人心有奴意，面有奴相，言有奴音，身有奴气，这样的人不管留学不留学都只能成为一个终身"学奴"而已，绝无可能成为一个堂堂正正自主自立的"中国学人"。

问：《非留学篇》是胡适写于留学时代的作品，或许是属于少年胡适的不成熟看法。胡适成年以后是否改变了他对这些问题的看法呢？

答：当然不会变。《非留学篇》的基本立场和取向并非只是胡适个人的一时看法，而是他那一代中国学人以及几代中国老辈学人共同的主流志向。抗战胜利后，胡适出任北京大学校长，正是在任北大校长期间于一九四七年发表了他著名的《争取学术独立的十年计划》，提出要建立"国家学术独立的根据地"，其意图正是我所说的"中国大学的使命是要加强中国人在思想、学术、文化、教育的独立自主，而不是要成为西方大学的附庸藩属"。胡适的"国家学术独立"主张值得在这里详加引述：

　　所谓"学术独立"必须具有四个条件：一，世界现代学术的基本训练，中国自己应该有大学可以充分担负，不必向国外去寻求。二，受了基本训练的人才，在国内应该有设备够用和师资良好的地方，可以继续作专门的科学研究。三，本国需要解决的科学问题如工业问题、医药与公共卫生问题、国防工业问题等等，在国内应该有适宜的专门人才与研究机构可以帮助社会国家寻求得解决。四，对于现代世界的学术，本国的学人与研究机关应该和世界各国的学人与研究机关分工合作，共同担负人类学术进展的责任。

　　胡适当时从这一"国家学术独立论"出发所提出的十年计划，就是希望"在十年之内，集中国家的最大力量，培植五个到十个成绩最好的大学，使他们尽力发展他们的研究工作，使他们成为第一流的学术中心，使他们成为国家学术独立的根据地"。不难看出，胡适这个建立一流大学的主张，与今日许多人说的建立一流大学，恰代表完全不同的两个方向：今天许多人所谓建立一流大学压根儿没有"国家学术独立"的概念，反而试图以"留学近亲繁殖"使中国成为"年年留学永永为弟子之国"，结果必然导致中国对西方的"学术依赖"更加制度化永久化；而胡适主张的则是要建立"国家学术独立的根据地"，从而强调中国对于西方的"学术独立"，力图做到不但中国学子的基本学术训练"不必向国外去寻求"，而且艰深的科学研究同样可以在国内大学继续进行，由此克服"出洋镀金的社会心理"。但这里当然需要指出，主张学术独立并不等于主张学术孤立，并不等于主张中国学术不要与国外学术交往，更不是不要中国人出国留学。这里讨论的问题是中国大学的发展方向和目标问题，特别是中国是否应该长期甚至永远地依赖国外大学来培养中国一流大学的教授和研究人才，还是中国必须致力于自己培养本国一流大学所需要的人才。胡适在这篇文章中因此特别强调必须改变"大学"的概念，亦即只有本科的大学不能算真正的大学，只有朝"研究院"方向发展的大学方能成为"国家学术独立的根据地"。因为很显然，如果中国大学只有本科，没有发达的研究院，那么中国学子仍然得走留学之路，从而仍然无法改变"年年留学永永为弟子之国"的状况。

问：但这种希望"国家学术独立"的强烈主张是否中国人所特有？美国人从前曾长期留学德国，他们是否从不担心美国会成为"年年留学永永为弟子之国"？

答：许多人大概没有读过美国文明史的一个必读经典，这就是爱默生的《美国学者》（*The American Scholar*）。这是爱默生于一八三七年在哈佛大学向当年的"美国大学优等生联谊会"（The Phi Beta Kappa Society）年会发表的著名演讲，以后《哈佛经典丛书》的爱默生卷将此篇列为第一篇并非偶然。为什么这个演讲题为"美国学者"？因为爱默生要提醒这些美国优秀青年学子，他们今后不是要成为在美国的德国学者、英国学者或法国学者，而是要成为立足于美国生活的"美国学者"。他向这些美国青年学子指出，美国人倾听欧洲的时间已经太久了，以致美国人已经被人看成是"缺乏自信心的，只会模仿的，俯首帖耳的"（to be timid，imitative，tame）。他希望这些有资格成为"美国大学优等生联谊会成员"的青年学子树立一种强烈的自信心：未来将属于"美国学者"。这个演讲开头的一段话最为有名，以后不断被美国人所引用："我们依赖的日子，我们向外国学习的漫长学徒期，就要结束。我们周遭那千百万冲向生活的人不可能总是靠外国果实的干枯残核来喂养。"

爱默生的这个讲演后来常被说成是先知的预言，预言了美国学术和大学终于执世界牛耳的地位。但在当时其实这个演讲同样是空谷足音，至多被人看成是一种良好愿望，因为当时美国在文化上根本不可能与欧洲相提并论，因此当时的美国人正纷纷去德国留学，而且这种留学德国的过程一直要到第一次世界大战前夕才最后结束。可以说爱默生演讲时美国人"向外国学习的漫长学徒期"不但远未结束，而且正方兴未艾。但是，如果美国人只是像日本人印度人那样"年年留学"，却没有心存爱默生呼吁的结束"依赖时代"、结束"向外国学习的漫长学徒期"的高远自我期许，那就绝不会有以后的"美国学者时代"。

今天的有些中国人最喜欢谈美国如何如何，但因为这种谈论往往出于一种自卑心态，因此恰恰永远学不了美国文明最基本的立国精神，这就是"独立"的精神。美国文明本是一场"独立战争"的结果，但仅仅有一场军事上的独立战争虽然可以使美国在政治上独立于英国，但却并不足以使美国文明自立。美国开国初期更深远更长期的独立战争乃是要使"新大陆"在精神上文化上心理上独立于"旧欧洲"。因此《联邦党人文集》的作者们在呼吁北美十三州联合成一个统一的政治共同体时指出，欧洲长期来支配了亚洲、非洲和美洲，已经习惯于以全世界的主人自居，甚至认为欧洲的狗都比美洲的狗高级，因此"美国人应该抬起头来为全人类的尊严而教导欧洲人放谦虚点"！这就要求美国人应联合为一个强大的统一的美国，从而今后有可能最终迫使欧洲列强按照美国的条件来与美国打交道。

问：美国人用了近百年时间留学德国。中国人留学西方如果从清末算起已经百年，不算中间中断的三十年也已有七八十年，中国人还要多少年才能结束中国的留学运动？

答：首先需要说明，从兴趣和问学出发的留学永远都会有，即使今后中国大学都达到世界一流水平，也仍然会一直有国民从个人兴趣和学术需要而出国留学，例如研究法国文学的去法国，醉心意大利艺术的去意大利，喜欢莎士比亚舞台演出的去英国，着迷海德格尔思想的去德国，练瑜伽的去印度，打茶道的去日本，这样的留学是纯粹个人选择的事，以后永远都会有，而且多多益善。

如张旭东已经指出，我们希望尽快结束的"留学运动"是指那种"洋科举"式的留学心态，这就是《围城》中所说的那种不留学就觉得自卑，因此"留了学可以解脱这种自卑心理，并非为高深学问"。如此社会心理下，"出洋好比出痘子、出痧子，非出不可"。心态比较正常的人还好，"出过洋，也算了了一桩心愿，灵魂健全，见了博士硕士们这些微生虫，有抵抗力来自卫"；但心态不太正常的人则就老是"念念不忘是留学生，到处挂着牛津剑桥的幌子，就像甘心出天花变成麻子，还得意自己的脸像好文章加了密圈呢"！这种"留学麻子"现在远比《围城》时代多得多。这种畸形社会心理现在对我国大学的发展造成严重的负面影响，许多大学生入校后第一年第二年或还能专心读书，但第三年开始就已为准备各种"洋八股"例如托福考试、GRE考试，还有申请信、推荐信等等忙得不亦乐乎，有些人还未毕业就已经被这些东西折磨得快成了神经病，如果弄了半天还没有被外国大学录取，说不定就自暴自弃，精神崩溃。

问：这次北大改革似乎也是想解决这个问题，但校方认为这主要是因为北大现在的教师是二流的，因此一流的北大本科生不愿意读北大的研究院，而要出国留学。改革方案特别第一稿的基本精神显然是认为，如果多多聘请留学博士来北大任教，一流本科生就愿意读北大研究院而不留学了。你似乎认为这个思路是错的？

答：这种思路说得好是天真，说得不好就是自欺欺人。今日大学生纷纷要留学的状况并不一定与具体教师的质量好坏有必然关系，即使教师水平非常好，学生从这教师那里很有所得，学生们很可能仍然要去奔洋八股，去留学。这里的问题远不是学生能否从国内教师学到东西那么简单，而是"出洋好比出痘子、出痧子，非出不可"。这种普遍社会心理在强烈影响大学生的价值评判，而这种社会心理之所以会如此普遍，则是因为目前的社会评价标准与社会奖惩机制在有力支持这种社会心理。任何社会都建立在一套奖惩机制上，这套机制不仅分配经济利益，同时更分配"荣誉"。从前的中国社会奖惩机制把最高的荣誉和经济利益都分配给"科举"，因此"万般皆下品，唯有科举高"。现在的奖惩机制则已经越来越强烈地倾斜给了留学，因此"万般皆下品，唯有留学高"。在这种情况下，即使北大教师都是一流的，也将无法改变北大本科生不取北大研究院而仍然优先考虑留学的倾向，除非这种奖惩机制本身被改变。

北大改革方案不但没有改变这种奖惩机制，反而使这种奖惩机制更加变本加厉地倾斜。打个比方，假如现在社会上普遍的奖惩机制是将利益荣誉的六成分配给留学的，四成分配给国内的，北大方案特别第一稿则力图将分配比例提高到八成给留学的博士，二成给国内的博士。换言之，北大方案的实质无非是要更加超额奖励留学博士，同时也就是变相惩罚了本校和本国培养的博士。这样的奖惩机制怎么可能诱引北大一流本科生今后不去留学而来读北大的研究院？借用《围城》的语言，北大方案是想多请"留学麻子"来取代没有出过天花的教师，以为既然教师中的"麻子"多了，学生的免疫力就加强了，今后学生就不会"出痘子、出痧子"了。这不是笑话吗？因为实际结果当然只能是恶性循环：教师中的"麻子"越多，学生就越要拼命地"出痘子、出瘢子"，也非变成"麻子"不可，因为大家都明白学校和社会的奖惩机制现在强烈偏好"麻子"！如此，则聘回来的"留学麻子"即使原先是一流教师也同样变成二流教师，因为他们同样根本不可能改变一流本科生不读国内研究院的趋势。

问：所以你认为如果要诱引我国一流本科生读我国一流大学的研究院，单纯提高教师质量并不够，更根本的是要改变目前的社会奖惩机制使其天平更多地偏向国内培养的博士，从而逐渐改变社会心理？

答：这里的关键仍然是胡适所谓"救急之计"还是"久远之图"的问题。我国各大学近十年来都已延聘了不少优秀的留学人才，今后一段时间也仍然有此需要，这都是完全正确而且非常重要的举措。但所有这些都只能是我国大学的"救急之计"，而不是中国高等教育的"久远之图"。正如胡适当年在《非留学篇》中早已指出的，如果中国的大学不是把着眼点主要放在自己培养国内人才，而是把着眼点放在回聘留学生上，那就是反客为主，本末倒置，最后的结果必然是连回聘留学生的效果也大打折扣，因为如果"国内大学不发达，则一国之学问无所归聚，留学生所学，但成外国入口货耳"。胡适因此提出："欲革此弊，当先正此反客为主，轻重失宜之趋向，当以国内高等教育为主脑，而以全副精神贯注之，经营之。留学仅可视为增进高等教育之一法。"正因为如此他反反复复地强调："留学当以不留学为目的。是故派遣留学至数十年之久，而不能达此目的之万一者，是为留学政策之失败！"换言之，中国高等教育的"长远之计"是要以中国大学自己培养的人才构成中国高等教育和研究的主体，逐渐减少回聘留学生的需要，争取尽快结束我国的留学运动。如果中国的一流大学以其奖惩机制为杠杆一味寄期望于回聘留学生，而总是轻视本校和本国培养的博士生，那就是舍本逐末，"其流弊所及，吾国将年年留学永永为弟子之国，而国内文明终无发达之望耳"。

没有人会否认，我国大学水平与国外大学还有相当差距。但我以为，从长远看，为了尽快结束留学运动，我国大学今后自我提高的最可行也最有效方式，并不是回聘留学博士，而是制度化地为国内年轻学者提供出国研究的机会，例如原则上保证每个新聘教师的前两年甚至前三年到国外一流大学去研究进修，相当于做一个博士后研究，但同时这种在国外的进修研究要有严格的学术管理，例如每年必须向系里提交学术进展报告，回来后要向同仁做学术报告，而且这个报告的水平应该作为他是否可以续聘第二个合同的主要根据。现在很多大学实际都有甚多这样的出国进修机会，但如果能制度化地用于新聘年轻教师到国外作博士后研究并与他们的续聘升级考核结合起来，可能就会发挥更有效的作用。我相信如果我国大学长期坚持这种一方面主要面向国内博士招聘，一方面提供他们出国研究的充分机会，那就有可能吸引一流的本科生优先考虑读国内的研究院，同时有利于大学形成学术传统和内在精神凝聚力。

问：但你是否过高估计了我国目前年轻博士的水准，甚至对我国大学的现状过分乐观了一些？

答：我国大学现在无疑有太多令人丧气的现象和问题，特别是王绍光指出的"学术腐败"的问题，其中变相买卖文凭，招生和招聘中的拉关系走后门等，最是让人无法容忍，这些问题同时往往与孙立平等指出的"大学的官本位衙门化"等问题有关。这些问题如果永远不能解决，我国大学就永远不会有希望，这一点我想是所有人的共识。而且这种问题不解决，回聘留学生的过程同样可能成为新的腐败温床，最近理工科方面不断揭发出"弄虚作假的海外人士"的丑闻，就是例证。此外，还有不少所谓的教授和博导水平极差，只会弄虚作假混饭吃，这也是众所周知的事。

　　但另一方面，我们不能以偏概全，以为我国大学只有乌烟瘴气的现象，这对于我国大学中无数人品正派学术优秀的学者是极端的不公平。无论我国大学现在有多少问题，我们不能否认二十年来中国学术已经有长足的进展，尤其我国大学已经牢固建立的博士硕士两级学位制度无疑为中国学术的发展提供了重要的制度基础。理工科方面我没有发言权，但就人文社会科学而言，我以为总的看可以说我国博士硕士的水平一年比一年好，而且进展的速度相当快。以我个人的观察，国内一些年轻学者的水平和潜力非常可观，如果给他们比较宽松的环境和出国进修的机会，他们是可以有大作为的。因此我所希望的并非仅仅只是国内大学只要简单多聘国内博士，而且更希望我国大学应特别注意为国内年轻学者提供比较好的条件包括到国外做系统研究的机会。目前我国大学当局往往把注意力主要放在成名教授上，这是缺乏远见的，真正的潜力和希望是在国内年轻学者。

　　问：你在开头提出"文化自强者"与"文化自卑者"的分野，是否这是决定能否"结束中国留学运动"的关键？

　　答：确实，我必须强调，所谓"结束中国的留学运动"，绝不能扭曲为是要以国内学者来排斥留学的学者，更不意味要以中学来排斥西学。我很反对现在人为制造所谓"海龟"与"土鳖"的对立，这并非因为我自己也曾留学，而是因为这种人为的对立完全扭曲了真正的问题，真正的对立是文化自信自强反对文化自卑自贱。"结束中国的留学运动"往往首先是留学者中的文化自强者所提出，并为国内的文化自强者所认同，因此这种文化自觉历来是海外学人与国内学者中文化自强者的共识。就长远而言，我国大学有必要将机制主要转到制度化地保证国内博士到国外做博士后研究，这将一方面有可能改变"洋科举"的社会心理，吸引一流的本科生优先考虑读国内的研究院，另一方面，到国外做博士后研究的国内青年学者，或许要比那些在美国学院读博士的人，较有可能获得思考的自由和审视的距离，从而更有可能形成对西方学术的批判审视眼光。我希望看到今后的年轻代"中国学者"，不是唯唯诺诺只会跟着西方走的人，而是对西方思想学术和制度都能形成自己批判看法的中国独立思考者。

伟大的大学必有其精神，但这种精神并非凭空而生，而必然植根于一个政治文化共同体强烈要求自主独立的精神之中。西方现代大学的起点公认为始自于一八〇九年创立的柏林大学。但试问柏林大学从何而来？它来自德国人的战败耻辱感——一八〇六年拿破仑在耶拿击败普鲁士，并于一八〇七年逼迫普鲁士签订辱国和约，这

一战败国命运强烈刺激费希特同年在普鲁士科学院发表
"致德意志人民"的著名演讲，大声疾呼德国只有靠文
化与教育的伟大复兴才能真正自立。随后洪堡尔特出任
普鲁士内政部新设的文化教育专员，费希特出任新建柏
林大学校长，全力推动德国的文化教育复兴，在短短时
间内，德国这个以往欧洲最落后的民族居然一跃而执欧
洲学术文化之牛耳。无论德国以后发生了什么事，没有
十九世纪德国学人的精神，就没有柏林大学的典范，也
没有什么现代大学制度。

　　我们自然知道西方左翼学者早就指出大学不是纯而
又纯的精神殿堂，而是与民族、国家、权力、资本，以
至战争有千丝万缕的联系。但今天的中国学者切勿拿着
鸡毛当令箭，把人家"批判的武器"拿来就做"武器的
批判"，西方左翼都是口头革命派，并没有要摧毁西方
的大学、民族、国家。至于那顶老在晃来晃去的民族主
义帽子，不妨先还给西方的右派。中国人今天需要的既
不是西方左派的教导，也不是西方右派的巧言，而应将
所有的左派幼稚病和右派幼稚病都一扫而空，才能真正
直面自己的历史与命运。中国现代大学的精神起源毫无
疑问地植根于九十年前胡适那一代留学生刻骨铭心的感
受："以数千年之古国，东亚文明之领袖，曾几何时，乃
一变而北面受学，称弟子国，天下之大耻，孰有过于此

者乎！留学者我国之大耻也！"今天贫血弱质的学人或许会感到羞于如此的直白，但中国现代大学的真精神和真生命乃全在于对这一大耻的自我意识中。这不是狭隘的自我中心论或文化排外论，而是对一个伟大文明能够独立自主并获精神重生的正大光明的自我期许。认同这种独立自主性和精神文化自我期许的人，必立足于伟大的中国语言文字，必期待未来将是"中国学者"的时代。无论这个目标今天听上去如何不可思议，优秀的年轻代"中国学者"当有这样的自信："我们依赖的日子，我们向外国学习的漫长学徒期，就要结束。"

二〇〇三年八月

跋
大学人文传承与中国学术独立 [*]

清华大学人文学院成立贺辞

  清华大学百年校庆时，胡锦涛总书记提出了一个新的说法，叫做"文化传承创新"。我个人对这句话有比较深刻的印象，因为在我的印象中，以往很多很多年，我们中国从来只讲创新，不讲传承，带来的偏差之大，已到了误导性的地步。因此，"文化传承创新"这个概念的提出意味着一个非常重大的思想观念的转变，这个转变对于改变我们大学的办学理念，特别是重新认识人文学科在大学中举足轻重的地位有特别重大的意义。

  我们首先需要明确，人文学科与自然科学乃至社会科学其实具有非常大的差异性，我们不能忽视这种差异性。自然科学基本上向前看，向未来看，今天没有人需要去看欧几里得的几何学，也没有人需要去读牛顿的力学；社会科学则基本上生活在当下，主要是研究当前的状况；人文学科的重要特点却是要不断回到文化源头，

---

* 本文是作者 2012 年 10 月 20 日在清华大学人文学院成立典礼上的嘉宾致辞。

通过这种回归来发现新的思想文化生长点和开展方向所在。对于一个大学，乃至一个国家来讲，人文学的核心任务在于加强我们厚重的历史感，让我们在这样一个万物皆流转瞬即逝的时代，不至于那么单薄，也不至于那么虚无。因此，厚重感可以说是人文学最根本的特性，通常所说人文要靠积累，也就是这个意思。人文学并不仅仅是创新，首先是传承，创新也必然是传承基础上的创新。唯其如此，文明和文化的连续性和厚重性方才可能。一个伟大的大学必植根于厚重的文化土壤之中，一个伟大的大学必骄傲其具有悠久的历史和独特的传统，只有一个肤浅的大学才会标榜自己是新鲜出炉的大学。过去十多年，中国很多本来很好的大学随便地就把自己的校名改了，这只能表明，中国人只求创新不知传承的文化肤浅已经到了什么地步！

清华大学成立二十周年的时候，当时任教于清华大学的陈寅恪先生曾经写过一篇非常重要但现在很少被人提起的文章，叫做《吾国学术之现状及清华之职责》，1931 年发表在清华大学二十周年纪念册刊上。我们今天实在有必要重温一下陈先生在八十年前提出的问题。他开头就说："吾国大学之职责，在求本国学术之独立"！这句话至关重要。一般人似乎都只知道陈先生的另一句话即"独立之精神，自由之思想"；但我们更要知道，陈寅恪所重视的"独立"，并不仅仅止于个人的独立，更重要的是民族的独立，尤其是中国思想文化学术教育的独立。我们必须不断追问中国民族及其思想文化学术教育今天是否具有独立性。这正是陈寅恪这篇文章高度突出"求本国学术之独立"的目的所在。他在提醒吾国大学之职责"在求本国学术之独立"之后，开始列举当时中国所有学科的现状，发现基本都是简单地把西方的东西搬过来，根本谈不上中国学术的独立，他表示非常痛心疾首。在文章的最后，他说："夫吾国学术之现状如此，全国大学皆有责焉，而清华为全国所最属望，以谓大可有为之大学，故其职责尤独重，因于其二十周年纪念时，直质不讳，拈出此种公案，实系吾民族精神上生死一大事者，与清华及全国学术有关诸君试一参究之。"他把"求本国学术之独立"提到中国民族精神之生死大事的高度，试问今天的中国学人是否仍有这样的高度文化自觉，还是已经根本放弃了"求本国学术之独立"？

八十年过去了，我认为陈寅恪当年提出的问题，不但没有过时，反而更加迫切了。尤其是在我们今天所谓的学术全球化时代，是不是需要提出中国思想文化学术教育独立性的问题，我认为关系到中国人文学界能不能有自己的灵魂，是不是可能有重大发展。如果没有陈寅恪那一个"求"字，完全没有独立性的追求，就不可能有中国人文思想的真正开展。

最近这几年，我不断强调，中国人向西方简单学习乃至照搬照抄的时代应该过去了。三十年来，我们在座的人或多或少都对中国学术的发展作过一点贡献，共同见证了中国人文学界的发展。这么多年来，我们花了很大的力气介绍西方的东西，我相信中国学术的开放性在全球可以独占鳌头，在全世界都是独一无二的。今天中国的国际学术会议不是太少，而是实在太多；国际交流不是太少，而是实在太多。我个人认为，这样的会议应该适当减少，因为学问应该安静地做，发展学术不是成天开国际学术会议，也不是成天跟国际接轨，而是要关起门来两耳不闻窗外事才能做出来的。我们现在太过注重形式主义的国际交流，国际来往，国际接轨，反而忘了强调人文学界内部发展最基本的东西。之所以提出这个问题，与我个人回到内地三年来的感受有很深的关系。我 1999 年从美国到香港大学工作，在那里待了十年。1999 年香港大学没有那么热闹，比较安静，可是后来所谓国际交流活动越来越多，多到光是吃饭就吃不完，因为来往的人实在太多，多到根本没有时间看书做学问了。但我 2009 年全职回到国内后，我发现似乎比香港还有过之无不及。我们的校长，院长，教授们，似乎天天都在飞机上，或者天天都在接待来访。我想我们有必要问自己，我们今天是不是过于热衷这些往往没有实质学术意义的国际接轨，这样的接轨和会议能不能减少一点？

当然这还只是形式上的问题。根本性的问题，是我们更有必要问自己，究竟什么是世界一流大学的标志？是否年复一年地出去留学，年复一年地依靠留学回国人才的大学等于一流大学？我们现在似乎缺乏常识，甚至从来不想最简单的问题。如果稍微想一下，就应该明白，一个大学永远而且完全依赖进口人才当然就不可能是一流大学，而必然是三流大学！因为这表明你自己的大学培养不出一流人才！最近十年左右，我不断强调胡适先生于 1912 年——距今已经整整一百年了——提出来的《非留学篇》。当年胡适几乎一到美国就开始从中国学术发展的角度提出一个疑问：中国的留学到什么时候结束？现在中国的留学，早已经不是个人学术兴趣去留学的问题，而是人人都要混个国外文凭的时代，但也正因为洋文凭太多了，这种文凭很可能正在贬值。胡适一百年前就强烈提出，中国留学的目的是要结束留学，而不是世世代代永远留学下去，否则我们就不可能有真正的思想独立性，中国的大学也不可能成为世界上的一流大学。因为在真正的一流大学里，绝不可能出现这样一种情况，即自己学校的教师几乎都是留学回来的人员，这等于说真正的人才都是别人培养出来的，而自己国家的大学培养不出来人才，这当然是三流大学的标志。打个比方说，假如在中国最好的大学里，教师都是哈佛博士或者耶鲁博士，那么，这仅仅意味着，哈佛是世界上的一流大学，耶鲁是世界上的一流大学，但自己的学校则绝不是世界上的一流大学。世界一流大学的根本标志是自己培养出来的博士是一流人才，也只有自己培养出来的博士能够成为最好的人才，这样的学校才够资格称为世界一流大学。

在全球化的今天，我们中国学人尤其人文学者，必须更加突出地提出中国思想文化学术教育的自主性和独立性的问题。没有自主独立的自我意识，没有自主独立的思想学术共识，中国人文学术作为一个整体是没有前途的。在清华大学正式成立人文学院的今天，我愿再次以陈寅恪先生当年对清华的期望相共勉："吾国大学之职责，在求本国学术之独立！而清华为全国所最属望，以谓大可有为之大学，故其职责尤独重"！清华任重而道远！